轨道交通综合实践指导书

主编　漆　昕　肖龙文

中南大学出版社
www.csupress.com.cn

图书在版编目(CIP)数据

轨道交通综合实践指导书/漆昕,肖龙文主编.
—长沙:中南大学出版社,2014.10
ISBN 978 – 7 – 5487 – 1205 – 3

Ⅰ.轨... Ⅱ.①漆...②肖... Ⅲ.轨道交通 – 高等学校 – 教学
参考资料 Ⅳ.U

中国版本图书馆 CIP 数据核字(2014)第 247931 号

轨道交通综合实践指导书

漆 昕 肖龙文 主编

□**责任编辑**	韩 雪		
□**责任印制**	易红卫		
□**出版发行**	中南大学出版社		
	社址:长沙市麓山南路	邮编:410083	
	发行科电话:0731-88876770	传真:0731-88710482	
□**印 装**	长沙印通印刷有限公司		

□**开 本**	787×1092 1/16	□**印张** 17.25	□**字数** 415 千字			
□**版 次**	2014 年 12 月第 1 版	□2014 年 12 月第 1 次印刷				
□**书 号**	ISBN 978 – 7 – 5487 – 1205 – 3					
□**定 价**	39.00 元					

高等院校交通运输类"十二五"规划教材

编审委员会

总　序

　　交通运输业是国民经济体系的重要组成部分，也是促进国民经济发展的重要基础产业和推动社会发展的先决条件。在最近的 30 年里，我国交通运输业整体上取得飞速发展，交通基础设施、现代化运输装备、客货运量总量和规模等都迅猛扩展，大量的新技术、新设备在铁路等交通运输方式中被投入应用。同时，通过大量的交通基础设施建设，特别是近年来我国高速铁路的不断投入使用，使我国的交通供需矛盾得到一定的缓解，我国交通运输网络的结构也得到了明显改善，颇具规模的现代化综合型交通运输网络已经初步形成。

　　我国交通运输业日新月异的发展，不仅对专业人才提出了迫切的需求，更使其教材建设成为专业建设的重点和难点之一。为解决当前国内高校交通运输类专业教材内容落后于专业与学科发展实际的难题，由中南大学出版社组织国内交通运输领域内的一批专家、学者，协同编写了这套交通运输类"十二五"规划教材。参与规划和编写这套教材的人员都是长期从事交通运输专业的科研、教学和管理实践的一线专家、学者，他们不仅拥有丰富的教学和科研经验，同时还对我国交通运输相关科学技术的发展和变革也有深入的了解和掌握。这套教材比较全面、系统地介绍了目前国内交通运输领域尤其是高速铁路的客货运输管理、运营技术、车站设计、载运工具、交通信息与控制、道路与铁道工程等方面的内容，在编写时也注意吸收了国内外业界最新的实践和理论成果，突出了实用性和操作性，适合大中专院校交通运输类以及相关专业的培养目标和教学要求，是较为系统和完整的交通运输类系列教材。该套教材不仅可以作为普通高校交通运输专业课程的教材，同时还可以作为各类、各层次学历教育和短期培训的首选教材，也比较适合作为广大交通运输从业人员的学习参考用书。

　　由于我们的水平和经验所限，这套教材的编写也有一些不尽如人意的地方，敬请读者朋友不吝赐教。编者在一定时期之后会根据读者意见以及学科发展和教学等的实际需要，再对教材进行认真的修订，以期保持这套教材的时代性和实用性。

　　最后衷心感谢参加这套教材编写的全体同仁，正是由于他们的辛勤劳动，编写工作才得以顺利完成。我们还应该真诚感谢中南大学出版社的领导和同志们，正是由于他们的大力支持和认真督促，这套教材才能够如期与读者见面。

中南大学副校长、教授

前　言

2013 年 10 月，"高等院校交通运输类'十二五'规划教材二期建设研讨会"于湖南长沙召开，会议旨在规划建设交通运输系列教材体系，促进我国交通运输人才培养领域的快速发展，得到了全国各大交通院校的支持和积极参与。主办方中南大学出版社邀请了众多全国交通运输领域的知名专家出席会议，会议商定了本期教材编写规划和合作机制。

经交流协商，《轨道交通综合实践指导书》被列入本期教材建设规划，由华东交通大学和中南大学等传统交通院校联合编写。

全书分为五大部分：铁路设备原理及认知、行车调度组织、运输经济与交通规划设计、货运组织类和专业综合实践技能训练。

本书由华东交通大学的陈宏、熊坚、漆昕和中南大学的肖龙文老师合作完成，其中第 1、2 章由陈宏老师负责编写；第 3、4、14、17、18、20、21 章及附录 2、5、6、7、8、9 由熊坚老师负责编写；第 5、6、7、8、9、13 章及附录 1、4 由漆昕老师负责编写；第 10 章及附录 3 由肖龙文老师负责编写；第 11、12、15、16、19 章由胡勇老师负责编写。

本书的编写目的是为了增强轨道交通专业学生实践动手能力，满足市场培养复合型人才学生的要求。教材面向交通运输专业本、专科学生，可满足交通运输类专业实验、课程设计、专业综合实训、实习等教学培养环节、课外科技活动以及毕业设计的指导需要。

在本书的酝酿和编写过程中，中南大学姚加林、黎茂盛老师，重庆交通大学杨林、陈坚老师，大连交通大学刘迪、王燕老师，山东交通学院陈聪聪老师，上海工程技术大学邱薇华老师分别给予了宝贵的指导意见和帮助；本书的编写也得到了华东交通大学徐玉萍、罗芝华、徐国权、卢剑、李卫红、黄细燕、魏堂建等老师的大力支持，在此一并致以诚挚的感谢！同时向本书所引用文献的作者表示衷心的感谢！最后，衷心感谢中南大学出版社刘辉、刘颖维等老师为本期系列教材的出版付出的辛勤汗水！

受编者水平、时间所限，本书难免存在疏漏之处，敬请广大读者批评指正。

编　者

2014 年 7 月 30 日

目　录

第三篇 运输经济与交通规划设计类

第四篇　货运组织类

第五篇　专业综合实践技能训练

第 一 篇

铁路设备原理及认知类

第 1 章
道岔(线路)认知及转换操作实验

　　机车车辆在运行过程中,常常需要由一条线路转入另一条线路,或跨越其他线路,这就需要在线路中设置连接和交叉设备,即道岔。道岔是铁路轨道的重要组成部分,是复杂的线路设备。道岔按功能和用途分类有单开道岔、对称道岔、三开道岔、交叉渡线、复式交分道岔五种标准类型。其中单开道岔是最常用的类型。道岔按钢轨轨型分有 43 kg/m、50 kg/m、60 kg/m、75 kg/m 钢轨道岔。道岔按号数分类有 6、7、8、9、12、18 以及大号码(如 30、38、42 号道岔)等,主要运营铁路干线常用的单开道岔有 9 号、12 号、18 号,大号码道岔主要用于要求侧线通过速度较高的联络线。客运专线以 18 号道岔为主。6 号、7 号和 8 号等道岔主要用于工矿企业专用线或货运站场。

　　在轨道线路中,由于道岔具有数量多、使用寿命短、直接影响列车通过速度、行车安全性低等不足,它与曲线、接头并称为轨道的三大薄弱环节。因此,熟悉认知道岔的构造、转换方式与工作特点,是轨道线路学习中不可缺少的环节。

1.1　单开道岔结构与操作认知实验

1.1.1　实验目的

　　熟悉单开道岔的结构和各组成部分,掌握其转换原理和方法。

1.1.2　基本原理

　　单开道岔由转辙器、中间连接部分(导曲线轨)、辙叉及护轨三大部分组成,如图 1-1 所示。它是最简单、最常用的一种道岔。

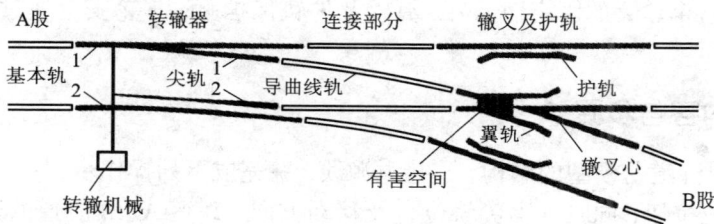

图 1-1　单开道岔的组成

转辙器由两根尖轨、两根基本轨、联结零件(如：滑床板、顶铁、拉杆、连接杆、跟端结构等)及转辙机械等构成，具体如图1-2所示。其作用是引导机车车辆的行驶方向。

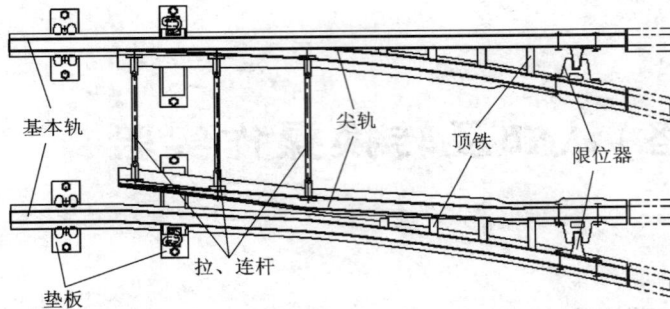

图1-2　转辙器的基本结构

基本轨是用12.5 m或25 m标准轨经过适当加工制成，主线基本轨为直线，侧线基本轨为折线或曲线型。通常，道岔中不设轨底坡，为改善钢轨的受力条件，提速道岔中基本轨设有1:40轨底坡。基本轨除承受车轮的垂直压力外，还与尖轨共同承受车轮的横向水平力。为防止基本轨的横向移动，可在其外侧设置轨撑。为了增加钢轨表面硬度，提高耐磨性并保持与尖轨良好的密贴状态，基本轨头顶面一般还进行淬火处理。

尖轨是转辙器部分最重要的组成部件。通过转辙机械的作用，两根尖轨往复扳动，从而引导机车车辆进入正线或侧线方向行驶。尖轨在平面上可分为直线型和曲线型。我国铁路的大部分12号及12号以下的道岔，均采用直线型尖轨。直线型尖轨制造简单，便于更换，尖轨前端的刨切较少，横向刚度大，尖轨的摆度和跟端轮缘槽较小，可用于左开或右开，但这种尖轨的转辙角较大，列车对尖轨的冲击力大，尖轨尖端易磨耗和损伤。我国新设计的12、18号道岔直向尖轨为直线型，侧向尖轨为曲线型。这种尖轨冲击角较小，导曲线半径大，列车进出侧线比较平稳，有利于机车车辆的高速通过。

辙叉与护轨部分由基本轨、护轨、翼轨、辙叉心四个部件构成，如图1-1所示。其中，翼轨和辙叉心是辙叉的主要构成部分。从两翼轨最窄处到辙叉心实际尖端之间，存在着一段轨线中断的空隙，叫做辙叉的有害空间。当机车车辆通过辙叉有害空间时，轮缘有走错辙叉槽而引起脱轨的可能，因此，必须设置护轨，对车轮的运行方向实行强制性的引导。

下面，以普通单开道岔为例来说明道岔的工作原理。如图1-1所示，当机车车辆要从A股道转入B股道时，操纵转辙机械使尖轨移动位置，尖轨1密贴基本轨1，尖轨2脱离基本轨2，这样就开通了B股道，关闭了A股道，机车车辆进入连接部分沿着导曲线轨过渡到辙叉和护轨单元，在这个单元的固定辙叉心、翼轨及护轨保护下，车轮安全通过两股轨线的交叉之处。

1.1.3　实验内容与步骤

观察12号单开道岔模型的结构，连接电源线，并完成下列操作步骤：

(1)按下定位按钮，同时观察尖轨位置及移动方向，观察A、B股道的开通、关闭情况，并记录之。

(2)按下反位按钮，同时观察尖轨位置及移动方向，观察A、B股道的开通、关闭情况，并记录之。

可重复上述步骤,进一步熟悉和掌握道岔的转换原理和方法。

1.2　交分道岔结构与操作认知实验

1.2.1　实验目的

熟悉交分道岔的结构和各组成部分,掌握其转换原理和方法。

1.2.2　基本原理

交分道岔是将一个单开道岔纳入另一个单开道岔内构成的两对向道岔结构,如图 1 - 3 所示。它代替了两个单开道岔的作用,且占地长度较短,特别是连接几条平行线路时,比单开道岔连接的长度缩短更为显著。

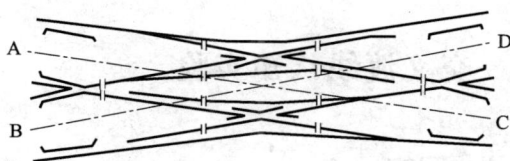

图 1 - 3　交分道岔

交分道岔可开通四个方向,有四个辙叉(2 个钝角辙叉、2 个锐角辙叉)。交分道岔缩短了线路连接长度,但两钝角辙叉处存在无护轨的有害空间。它分为单式交分道岔(single slip switch)和复式交分道岔(double slip switch)两种。

复式交分道岔的构造,是由两组双转辙器、两组锐角辙叉及护轨、两组钝角辙叉和全套岔枕所构成。它按其钝角辙叉的结构形式不同,可分为固定型钝角辙叉与可动心轨型钝角辙叉两种。

(1)固定型钝角辙叉。由于这种固定型钝角辙叉存在着较长的"有害空间",号码越大,未被防护的有害空间越长,行车越不安全,故宜用 8 号及以下的道岔。

(2)可动心轨型钝角辙叉。它的特点是心轨摆动贴靠弯折基本轨,可以消灭"有害空间",避免发生脱轨。目前 9 号以上的交分道岔都属于这种类型。

1.2.3　实验内容与步骤

先仔细观察 12 号复式交分道岔模型的构造,连接电源线,完成下列操作步骤:

(1)按下"A - C"线按钮,同时观察尖轨位置及移动方向,观察 A、C 股道的开通、关闭情况,并记录之。

(2)按下"A - D"线按钮,同时观察尖轨位置及移动方向,观察 A、D 股道的开通、关闭情况,并记录之。

(3)按下"B - C"线按钮,同时观察尖轨位置及移动方向,观察 B、C 股道的开通、关闭情况,并记录之。

(4)按下"B - D"线按钮,同时观察尖轨位置及移动方向,观察 B、D 股道的开通、关闭情况,并记录之。

可重复上述步骤,进一步熟悉和掌握其转换原理和方法。

第 2 章

线路、桥涵认知实验

2.1　交叉渡线认知实验

2.1.1　目的

熟悉交叉渡线的结构和各组成部分，掌握其转换原理和方法。

2.1.2　基本原理

交叉渡线是使机车车辆由一条线路既可进入又可越过另一条线路的轨道设备，它可以缩短站场长度，减少占地面积，因而在铁路上得到广泛的应用。

交叉渡线一般由四组单开道岔（或对称道岔）和一组菱形交叉组合而成。两平行线路的交叉渡线一般有三种布置方法：

（1）对称布置：菱形交叉对称布置于两平行线路之间。这是交叉渡线最常用的型式。

（2）不对称布置：为了有可能利用标准的（或已有的）单开辙叉及菱形交叉或在有特殊需要时，可将菱形偏于一侧线路，成不对称布置的交叉渡线。

（3）缩短的交叉渡线：在两平行线路间距较大时，为了缩短交叉渡线的长度，在单开道岔辙叉跟端与菱形交叉锐角辙叉跟端之间设一连接曲线（其半径不应小于道岔导曲线半径）。但这种布置会使列车的运行条件变坏，并且增大了养护的复杂程度。

2.1.3　实验内容与步骤

观察 12 号交叉渡线道岔模型的技术构造，并作出示意图。再连接电源线，完成下列操作步骤：

（1）按下"正线"按钮，同时观察尖轨位置及移动方向，观察相应股道的开通、关闭情况，并记录之。

（2）按下"A－D 线"按钮，同时观察尖轨位置及移动方向，观察相应股道的开通、关闭情况，并记录之。

（3）按下"B－C 线"按钮，同时观察尖轨位置及移动方向，观察相应股道的开通、关闭情况，并记录之。

可重复上述步骤，进一步熟悉和掌握道岔的转换原理和方法。

2.2　桥涵结构认知实验

2.2.1　实验目的

通过对现场或实验室内桥涵模型的观察、测量，熟悉了解铁道工程中常见的桥梁、涵洞和隧道的结构和特点，以获得对现场桥涵的感性认知。

2.2.2　基本原理

1. 桥梁

桥梁是供铁路线路跨越水流、山谷或其他建筑物的设施。依据跨越对象的不同，桥梁可以分为以下几类：

（1）跨越河流——跨河桥。

（2）跨越山谷——跨谷桥。

（3）跨越铁路、公路——跨线桥。

（4）跨越市区、工业区、农作物区、低洼地段——旱桥（高架桥）。

一座完整的桥梁由上部结构（桥跨）和下部结构（桥墩、桥台、墩台基础）组成，如图 2-1 所示。铁路轨道

图 2-1　桥梁的构造

传来的力，通过桥墩、桥台、墩台基础，传递至基底面上。

对于桥梁的理解，我们可以跨河桥为例，如图 2-2 所示。其组成部分别为桥跨、桥墩、桥台和墩台基础。桥梁的跨度是指两墩台之间距离；桥的全长则是两桥台挡土墙之间距离。通常，我们称桥长小于 20 m 的为小桥，小于 100 m 的为中桥，小于 500 m 的为大桥，大于 500 m 的为特大桥。桥的孔径是每个桥孔在设计水位时距离；净孔则是桥跨底部到设计水位的高度。

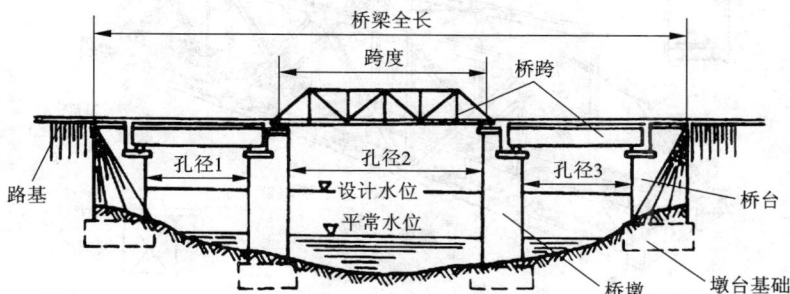

图 2-2　跨河桥组成部分简图

桥梁的样式很多，根据桥梁受力情况，可以分为梁桥、拱桥、刚架桥、悬桥和组合体系桥等五类，下面分别简要介绍。

（1）梁桥。梁桥在竖向载荷作用下只产生竖向反力。桥跨为梁，只受桡受剪，不受到轴

向力。梁桥又分简支梁桥、连续梁桥(见图 2 – 3)、悬臂梁桥。

（2）拱桥，双曲拱桥。拱桥在竖向载荷下有竖向反力和横向反力，无铰拱桥还产生支座弯矩。桥跨为拱，以受压为主，也受桡受剪。拱桥可以分为实体拱拱桥和桁拱拱桥，如图 2 – 4 所示。双曲拱桥不仅桥跨为拱，桥面下也成拱形，以增加桥面强度。

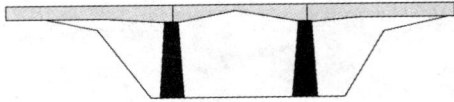

图 2 – 3　连续梁桥

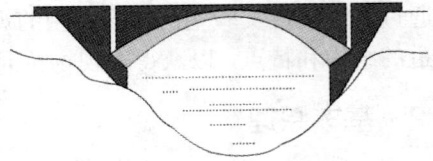

图 2 – 4　实体拱拱桥

（3）刚架桥，桁架桥。刚架桥的特点是桥跨与墩台以刚性连接成一体，在竖向载荷的作用下有竖向反力和水平反力，无铰刚架还有支撑弯矩。刚架以受桡为主，也受剪和轴向力。从造型上刚架桥可以分为门形刚架桥和斜腿刚架桥，如图 2 – 5 所示。

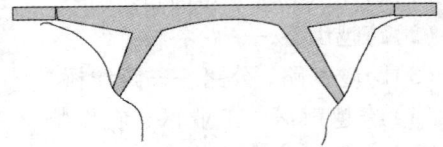

图 2 – 5　斜腿刚架桥

桁架桥是以钢桁架作支撑，如图 2 – 6 所示，这是铁路下承式简支桁架桥结构图，其桥面位于主桁架的下部。桥面系由纵梁、横梁及纵梁间的联结系组成。

主桁是钢桁梁的主要承重结构，它由上弦杆(chord)、下弦杆、腹杆(web member)及节点(node 或 joint)组成。倾斜的腹杆称为斜杆，竖直的腹杆称为竖杆。杆件交会的地方称为节点，纵向两节点之间称为节间，用节点板(gusset plate)及高强螺栓连接各主桁杆件。

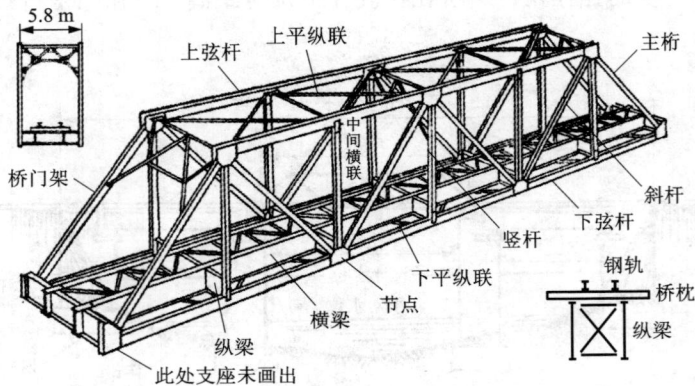

图 2 – 6　铁路下承式简支桁架桥

（4）悬桥。悬桥以缆索跨过塔顶，锚定于河岸上作为承重结构，在缆索上悬挂吊杆，吊起桥面系。缆索受拉。其优点是跨度可以很大，如图 2 – 7 所示。

（5）组合体系桥。组合体系桥是由不同体系组合而成的桥梁。例如：系杆拱桥是由梁与拱的组合体系；斜拉桥是梁与索的组合体系，如图 2−8 所示，其优点是跨度可以很大。

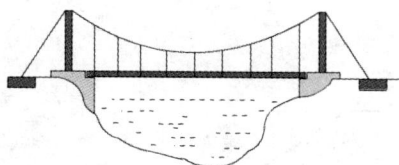

图 2−7　悬桥

图 2−8　斜拉桥

2. 隧道

隧道，是指铁路穿越山岭所开凿的地下通道。其底部承托着轨道，四周承受着围岩的压力。在崇山峻岭间修建铁路，为了保证现代化铁路的顺直、平缓，需要开凿隧道让铁路穿过。我国是一个多山的国家，铁路线上隧道长度的比重将会越来越大。当然，隧道也可以代替桥梁，从河道、海峡下穿过，即水下隧道。

铁路隧道的结构由主体建筑物和附属建筑物组成。

主体建筑物主要有洞门和洞身衬砌，如图 2−9 所示。其作用是保持隧道的稳定，保证列车的安全运行。隧道中衬砌结构非常重要，它是用于支持隧道四周围岩，防止其塌落的设施，因此，衬砌材料应该具有足够的强度、耐久性，特殊地段还要求具有抗冻、抗渗、抗侵蚀性。

附属建筑物主要由避车洞、防排水设施和通风设施构成。它们是为隧道安全、养护及维修隧道的需要而设置的。隧道的两侧，每隔 60 m 设置一小洞，每隔 300 m 设置一大洞，称之为避车洞。大避车洞用于存放工具材料，小避车洞则用于保证隧道内维修人员的安全。

图 2−9　铁路隧道的结构

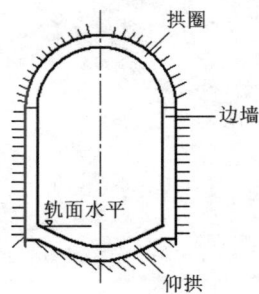

图 2−10　隧道洞门

此外，隧道内还必须设有通风设备。隧道的通风是隧道设计的重点内容，原因之一是当蒸汽机车、内燃机车通过隧道时，排出有害气体。如果隧道通风不良，将危害旅客和铁路工作人员的健康。目前隧道通风采用自然通风和机械通风两种形式。

3. 涵洞

涵洞是公路或铁路与沟渠、道路相交的地方，使水、人流、车流从路下通过的小型建筑物,基本构造如图 2 – 11 所示。它设在路堤下面的填土中,其特点是,单孔标准跨径 L_0 小于 5 m 或多孔跨径总长小于 8 m。

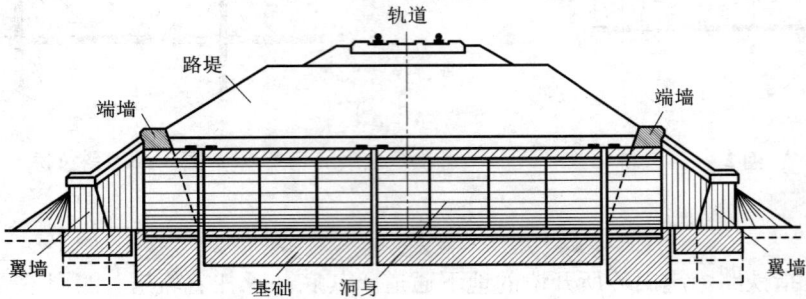

图 2 – 11　涵洞的基本构造

涵洞由洞身、基础、洞口三部分组成,洞身有圆管涵、盖板涵、拱涵或箱涵等几种不同的构造,其作用就是承受活载和土压力,并将其传递给地基。洞口由端墙、翼墙或护坡、截水墙和缘石组成,其作用是保证涵洞基础和两侧路基免受冲刷,使水流顺流顺畅。

2.2.3　认知内容及要求

(1)观察实验室内高架桥、桁架桥、斜拉桥、大型组合桥梁的技术构造组成,分别作出其结构示意图。

(2)观察实验室内隧道和涵洞模型的技术构造组成,分别作出其结构示意图。

第 3 章

机车车辆认知

3.1 铁路车辆

　　铁路车辆是铁路运输的重要设备，是用来运送旅客、装运货物或作其他特殊用途的运载工具。它一般没有动力装置，必须把车辆连挂成车列，由机车牵引才能沿线路运行。

3.1.1 铁路车辆的分类

1. 按用途分

铁路车辆按用途可分为客车和货车两大类。

図 3－1　全钢浴盆运煤专用敞车

图 3－2　RZ25DT 型硬座客车

　　运送旅客且供坐卧饮食等所用的车辆称为客车。常见的客车有硬座车、软座车、硬卧车、软卧车、餐车、行李车、邮政车、试验车、公务车等数种。

图 3－3　软卧车

图 3－4　硬卧车

图 3-5　餐车

图 3-6　邮政车

图 3-7　硬座车

图 3-9　棚车

图 3-8　行李车

图 3-10　敞车

图 3-11　罐车

图 3-12　冷藏车

　　供运送货物、牲畜等所用的车辆称为货车。货车有平车、敞车、棚车、保温车、罐车、特种车等不同的类型。

图 3 – 13　N17 型 60 t 平车

图 3 – 14　ZD240 型铸锭车

图 3 – 15　J5 家畜车

2. 按轴数分

按轴数分,可分为二轴车、四轴车、六轴车和多轴车,我国已淘汰二轴车。对于载重量较大的车辆,做成六轴车或多轴车不仅受车辆强度限制,同时还受每一车轴加在线路上的重量不超过线路强度所规定的吨数(称为"轴重")的限制。我国轴重限制为 23～25 t。

3. 按载重量分

按载重量分,货车有 50 t、60 t、80 t、90 t 和大型车等多种。

图 3 – 16　100 t 专用铁路平车

图 3 – 17　160 t 臂架平车

3.1.2　车辆标记与技术经济参数

1. 车辆标记

为了方便车辆的管理,满足使用、检修和统计上的需要,每一铁路车辆均具备规定的标记,表示车辆的类型和特征。

2. 车辆的技术经济参数

车辆技术经济参数，是关于车辆结构特征或车辆运用特征的一些指标，与车辆的有效运用息息相关。

（1）标记。铁路车辆的标记，主要有以下几类：

1）国徽。参加国际联运的车辆，需标记中华人民共和国国徽。

2）路徽。铁道部所属车辆均应标记人民铁道路徽，在货车上还应设产权牌。

3）车号。我国铁路车辆的车号由型号与号码两部分组成。

（2）型号。型号记录车辆的特性，包括基本型号和辅助型号：

1）基本型号——代表车辆种类，用汉语拼音字母表示，如 YZ、RW、P、C 等。客、货车辆的种类及基本型号如表 3-1、表 3-2 所示。

2）辅助型号——代表车辆的构造型式，用阿拉伯数字表示，如"YZ22"中的"22"表示该硬座车是 22 型的结构。

表 3-1　部分客车基本型号表

车种	基本型号	车种	基本型号
软座车	RZ	餐车	CA
硬座车	YZ	公务车	GW
软卧车	RW	实验车	SY
硬卧车	YW	文教车	WJ
行李车	XL	代用座车	ZP
邮政车	UZ	代用行李车	XP

表 3-2　部分货车基本型号表

车种	基本型号	车种	基本型号
棚车	P	保温车	B
敞车	C	守车	S
平车	N	家畜车	J
砂石车	A	罐车	G
煤车	M	水泥车	U
矿石车	K	长大货物车	D

3）号码。号码为车辆的顺序号码，客车按车种分别编号，货车按车种及载重分别编号。例：图 3-18 中车号的含义为——25 型硬卧客车，编号 73623。

4）定期修理标记。为保证车辆的技术状况良好，需要对车辆进行分阶段分层次的定期维修。定期修理标记，主要包括：段修标记、厂修标记、辅修标记和轴箱检查标记四类。

5）配属标记。对固定配属的车辆，应标记所属铁路局和车辆段的简称。如"成局成段"

是代表成都铁路局成都车辆段的配属车。

6）自重。即车辆本身的重量，以吨为单位。

7）载重。即车辆允许的最大装载重量，以吨为
单位。

8）容积。货车（平车除外）、行李车及邮政车等可供
装载货物的容量，以立方米为单位。

图 3－18　硬卧车编号

9）车辆全长及换长（计长）。车辆全长指车辆两端钩舌内侧的距离，以米为单位。为了
实际工作上的方便，习惯上都将车辆的长度换算成标准车辆的辆数（标准车辆的全长为 11
m），即全长除以 11 m 所得的商来表示车辆的换算长度（计长）。

10）特殊标记。除上述标记外，根据某些特殊客货车辆构造及设备的特征，涂打各种特
殊标记。

⊙（MC）——表示可以用于国际联运；

⊙（关）——表示活动墙板及其他活动部分翻下超过车辆限界的货车；

⊙（人）——表示具有床托可以输送人员的棚车；

⊙（古）——表示具有拴马环或其他拴马装置的货车。

⊙（超）——表示某部分结构超出车辆限界的货车。

3.2　铁路机车

3.2.1　铁路机车的分类

1．按构造分
机床按构造可分为蒸汽机车、内燃机车和电力机车。

2．按用途分
（1）客运机车，特点是快速，动轮大；

（2）货运机车，特点是多拉，动轮多；

（3）调车机车，特点是灵活，动轮少。

3.2.2　各类常用机车的特点

1．内燃机车
内燃机车是以内燃机作为原动力的机车。铁路上采用的内燃机绝大多数是柴油机。按传
动方式的不同可分为电力传动内燃机车和液力传动内燃机车两种类型。

内燃机车的优点：热效率高；动力装置体积小，功率大；用水少；利用率高；速度快；劳
动条件好，用内燃机车替换蒸汽机车方便。缺点：造价高；维修工作量大；对大气有污染。

2．电力机车
电力机车的牵引动力是电能，但机车本身没有原动力，而是依靠外部供电系统供应电
力，并通过机车上的牵引电动机驱动产生牵引力。

采用电力机车牵引的铁道称为电气化铁道。电气化铁道由牵引供电系统和电力机车两部分组成。

由电力机车实施的牵引运行称为电力牵引，电力牵引具有功率大、效率高、过载能力强、运营费用低、司机劳动条件好、不污染环境等一系列优点，是世界各国公认的最佳铁路牵引方式。缺点是造价高，铁道电气化需要很大投资。

我国铁路牵引动力现代化的主要方向就是大力发展电力牵引。

3.2.3　电力动车组

安装有动力装置，既具有牵引动力，又可以载客的客车叫做动车。只载旅客，没有动力装置的车辆称为附挂车或拖车。由动车和拖车编组而成的列车，就叫动车组。

目前，世界各国铁路在旅客运输，特别是在大城市之间的旅客运输中，正在大力发展高速动车组的运输方式，最大限度满足旅客运输快速、舒适的需求。

动车组有两种形式，一种是以内燃机驱动的内燃动车组，另一种是由接触网供电的电动车组。

1. 动车组编组内容

动车组的编组内容具有多样性。目前，各国采用的动车组编组方式主要为：

（1）全列均采用动车。例如日本东北新干线的200系，采用12辆动车编组。最高营运速度260 km/h。

（2）动力车（不载旅客）挂在动车组的两端，采用前拉、后推的方式推挽运行，即动＋拖＋动的形式（见图3－19、图3－20）。例如：西欧营运于伦敦—布鲁塞尔—巴黎的Eurostar，采用动1＋拖9＋拖9＋动1的编组内容。最高营运速度300 km/h。

图3－19　日本新干线200系　　　　　　图3－20　法国TGV系列动车组

（3）动车与拖车分别集中编组，即动＋拖的形式。例如日本山阳新干线的700系，采用动12＋拖4的编组内容（见图3－21、图3－22）。最高营运速度285 km/h。

3.2.4　机车的运用

配属给各机务段的机车，一般分配在一、二个牵引区段里往返牵引列车或固定在某个车站上担任调车工作。机车运用上有一个特点，即机车只要离开机务段，就必须受车站有关行车人员的调度和指挥。通俗地说，就是火车开行一段距离后需要更换机车，一台机车只在一定范围内运行。我们举个例子说明：成都—北京的T8旅客列车，成都—广元采用SS3B牵引，广元—宝鸡更换为 SS6B（秦岭段加 SS4 或 DJ1 补机），宝鸡—郑州更换为 SS7D，郑州—北京西采用 SS8。

图 3－21　日本新干线 700 系

图 3－22　国产和谐号电动车组

1．机车交路

目前，肩回运转制是我国铁路上采用得最多的一种机车运用方式。采用这种方式时，机车都在段内整备。但每次入段整备时间长，效率不高，同时也增加了车站的负担。

采用循环运转制时，由于机车很少进机务段，因而提高了机车运用效率，加速机车的周转，并减轻了车站的负担。但是，循环运转制的采用是受限制的，它只能在有大量不需要改编的中转列车经过的机务段车站上采用，而且还要在车站上增设相应的整备设备。

2．乘务制度

乘务制度是机车运用的相关影响因素。通俗地说，乘务制度就是火车司机的工作制度。机车乘务制度基本上分两种：

（1）包乘制。固定由 2～3 个乘务组值乘一台机车。三班包乘制由三组乘务员固定位用一台机车，其优点是乘务员对自己驾驶的机车很熟悉，便于操纵和维修保养。但在机车运用和乘务员的组织工作方面较复杂，常会因安排不当或运行秩序被打乱而影响机车的运用效率。

（2）轮乘制。由各个乘务组轮流值乘该机车。机车乘务组值乘的机车是不固定的，这就可以有效地使用机车和合理安排乘务员的作息时间，以较少机车或乘务组完成较多的运输任务。当然，对乘务员的驾驶技术要求更高，对机车的保养也要求更严。

第 4 章

铁路信号认知

4.1　铁路信号的定义

广义：在铁路运输中，用于保护行车安全，提高车站和区间通过能力、编组站解编能力的各种控制设备的总称。

狭义：一般指地面和车上的各种信号机、表示器以及手持信号灯旗等。

《铁路技术管理规程》规定：铁路信号是指示列车运行及调车作业的命令，有关行车人员必须严格执行。

4.2　铁路信号的分类

铁路信号的分类如图 4 - 1 所示。

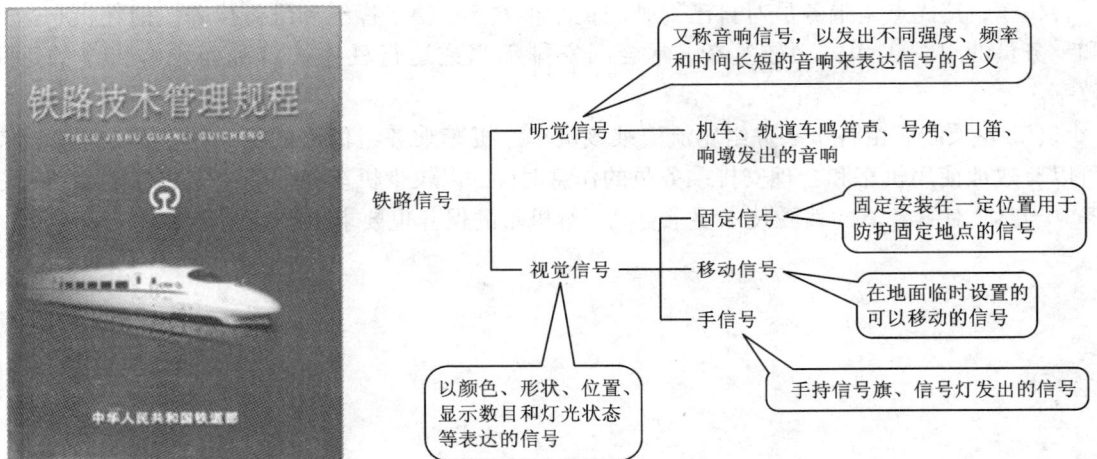

图 4 - 1　铁路信号的分类

4.3　铁路信号显示规定

4.3.1　基本技术要求

(1)显示简单明了，易于辨认。

(2)有足够的显示数目，能反映各种不同运行条件。

(3)有足够的显示距离，便于司机确认。

(4)具有较高的可靠性，保证不间断使用。

(5)符合故障—安全原则，当信号设备发生故障后能自动给出最大限度的信号显示。

4.3.2　铁路信号对颜色的规定

我国铁路信号的基本显示系统由基本颜色和辅助颜色组成(见图 4－2)。

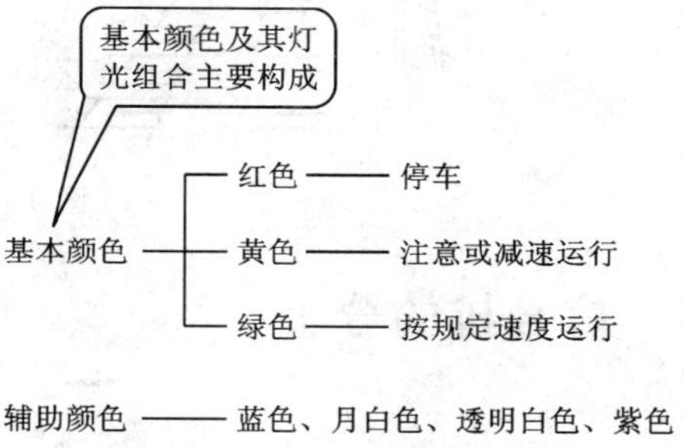
基本颜色及其灯光组合主要构成
基本颜色
红色 —— 停车
黄色 —— 注意或减速运行
绿色 —— 按规定速度运行
辅助颜色 —— 蓝色、月白色、透明白色、紫色

图 4－2　铁路信号的基本显示系统

4.3.3　亮灯状态

一般以显示稳定灯光以及稳定灯光组合表示相应行车命令。闪光灯光是能够增加信号显示意义的一种简便、有效的手段。

4.3.4　图形符号

固定信号分为信号机和信号表示器。

信号机：用来防护站内进路、防护区间、防护危险地点，具有严格的防护意义。

信号表示器：对行车人员传达行车或调车意图，或对某些补充说明所用的器具，没有防护意义。

名称	图形符号	文字符号	名称	图形符号	文字符号
红色灯光	●	H	空灯位	⊗	—
黄色灯光	◍	U	稳定灯光(例如绿灯)	¤	—
绿色灯光	○	L	闪光灯光(例如绿灯)	¤	—
蓝色灯光	⊙	A	一般高柱信号	⊢○ ○⊣	—
月白灯光	◎	B	一般矮型信号	○ ○	—
紫色灯光	ⓩ	Z	接车性质的信号机	⊢○○ ○○⊣	—
白色灯光	⦶				

图 4－3　铁路信号图形符号

4.4　信号机的设置

（1）固定信号机应设置于行车方向线路的左侧；

（2）信号机不得侵入铁路建筑接近限界；

（3）信号机的设置地点应避免影响行车安全和运输效率。

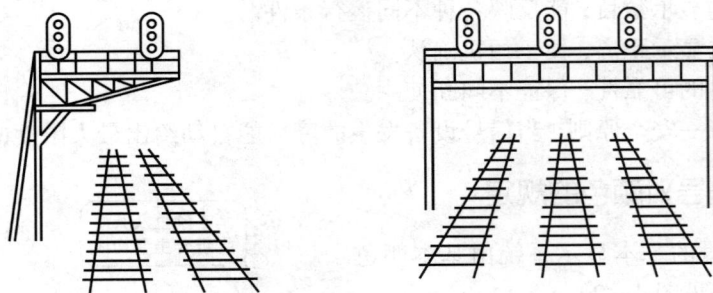

图 4-4　铁路信号机架

4.5　信号机的分类

4.5.1　按类型分

信号机按类型分为：色灯信号机、臂板信号机、机车信号机，如图 4-5 所示。

图 4-5　各类信号机

4.5.2　按用途分

1. 进站信号机（半自动闭塞、三显示自动闭塞）

各类进站信号机显示信息如图 4-6 所示。

作用：防护车站，指示列车的运行条件，保证接车进路的正确和安全可靠，凡车站的列车入口处必须装设进站信号机。

设置位置：距离最外方进站道岔尖轨尖端（顺向为警冲标）大于 50 m 小于 400 m 处。

命名：按运行方向命名，用于指示上行列车运行的称为上行进站信号机，用 S 表示，下行进站信号机用 X 表示。同一咽喉有多个方向线路接入，根据所属区间线路连接的相邻车站，以其名称的汉语拼音字头作为 S 或 X 的下标。

图 4-6　各类进站信号机显示信息

（1）一个绿色灯光——准许列车按规定速度经正线通过车站，表示出站及进路信号机在开放状态，进路上的道岔均开通直向位置。

（2）一个黄色灯光——准许列车经道岔直向位置，进入站内正线准备停车。

（3）两个黄色灯光——准许列车经道岔侧向位置，进入站内准备停车。

（4）一个黄色闪光和一个黄色灯光——准许列车经过 18 号及以上道岔侧向位置，进入站内越过次一架已经开放的信号机，且该信号机防护的进路，经道岔的直向位置或 18 号及以上道岔的侧向位置。

（5）一个红色灯光——不准列车越过该信号机。

（6）一个绿色灯光和一个黄色灯光——准许列车经道岔直向位置，进入站内越过次一架已经开放的信号机准备停车。

（7）一个红色灯光及一个月白色灯光——准许列车在该信号机前方不停车，以不超过 20 km/h 速度进站或通过接车进路，并须准备随时停车。

2. 出站信号机（三显示自动闭塞区段）

各类出站信号机显示信息如图 4-7、图 4-8 所示。

作用：防护区间，作为列车占用区间的凭证，指示列车能否进入区间；当显示禁止灯光时，指示列车在站内停车位置。

设置位置：设置在车站有发车作业的正线和到发线端部的适当地点，应尽量不影响股道的有效长。

图 4-7　各类出站信号机显示信息（一）

命名：用于指示上行列车运行的称为上行出站信号机，用 S 表示，下行出站信号机用 X 表示，并以所属股道号码作为 S 或 X 的下标。当有数个车场时，下标应先加车场号，再缀以股道号码。

（1）一个绿色灯光——准许列车由车站出发，表示运行前方至少有两个闭塞分区空闲。

图 4 - 8　各类出站信号机显示信息（二）

（2）一个黄色灯光——准许列车由车站出发，表示运行前方有一个闭塞分区空闲。

（3）一个红色灯光——不准列车越过该信号机。

（4）两个绿色灯光——准许列车由车站出发，开往半自动闭塞区间。

（5）在兼作调车信号机时，一个月白灯光——准许越过该信号机调车。

3. 通过信号机（自动闭塞）

各类通过信号机显示信息如图 4 - 9 所示。

作用：防护闭塞分区，指示列车能否进入运行前方的闭塞分区。

设置位置：每个闭塞分区的入口处。

命名：通过信号机的编号是由其坐标公里数和百米数组成，下行通过信号机编为奇数，上行编为偶数。例如，在 100 km + 350 m 处设置的通过信号机，上行方向编号为 1003，下行方向编号为 1004。

图 4 - 9　各类通过信号机显示信息

三显示自动闭塞区段：

（1）一个绿色灯光——准许列车按规定速度运行，表示运行前方至少有两个闭塞分区空闲。

（2）一个黄色灯光——要求列车注意运行，表示运行前方有一个闭塞分区空闲。

（3）一个红色灯光——列车应在该信号机前停车。

四显示自动闭塞区段：

（1）一个绿色灯光——准许列车按规定速度运行，表示运行前方至少有三个闭塞分区空闲。

（2）一个绿色灯光和一个黄色灯光——准许列车按规定速度运行，要求注意准备减速，表示运行前方有两个闭塞分区空闲。

（3）一个黄色灯光——要求列车减速运行，按规定限速要求越过该信号机，表示运行前方有一个闭塞分区空闲。

（4）一个红色灯光——列车应在该信号机前停车。

进站、出站、通过信号机位置如图 4-10、图 4-11 所示。

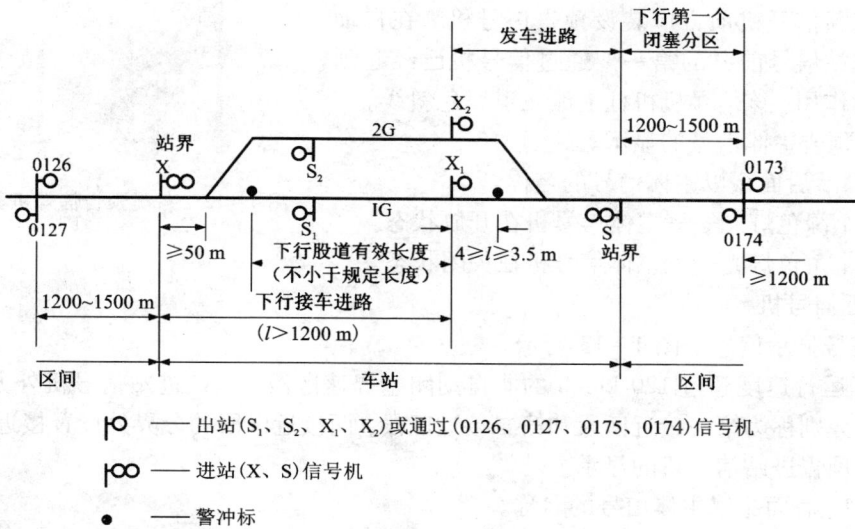

图 4-10　进站、出站信号机位置示意图

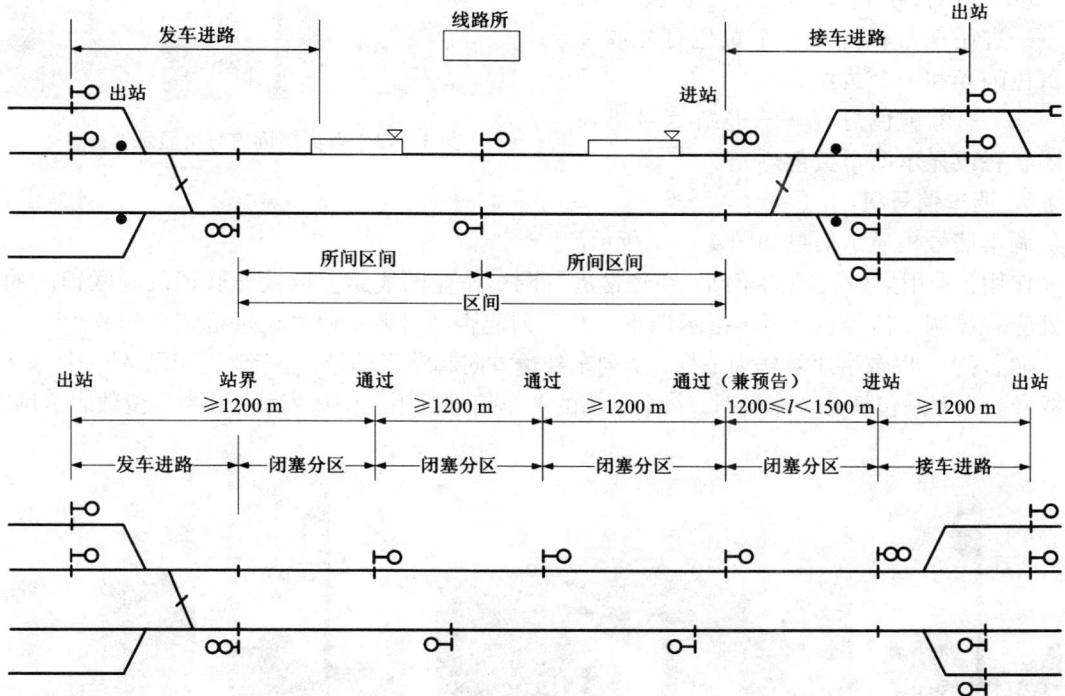

图 4-11　通过信号机位置示意图

4. 预告信号机

预告信号机显示信息如图 4 – 12 所示。

在非自动闭塞区段的进站信号机、线路所通过信号机以及遮断信号机前方应装设预告信号机。在自动闭塞区段进站信号前方的第一架通过信号机已经起到预告信号的作用，该信号机机柱上涂三道黑色斜线。

作用：预告主体信号的显示。

命名：Y，后面缀以主体信号的名称。

（1）一个绿色灯光——主体信号机在开放状态。

（2）一个黄色灯光——主体信号机在关闭状态。

图 4 – 12　各类预告信号机显示信息

5. 接近信号机

接近信号显示信息如图 4 – 13 所示。

在列车运行速度超过 120 km/h 的非自动闭塞提速区段，车站进站信号机外方设置两段轨道电路，分别称为第一接近区段和第二接近区段，两接近区段的分界处设置接近信号机。

作用：预告进站信号机的显示。

命名：J，后面缀以主体信号的名称。

（1）一个绿色灯光——进站信号机开放一个绿色灯光。

（2）一个绿色灯光和一个黄色灯光——进站信号机开放一个黄色灯光或一个黄色闪光和一个黄色灯光。

（3）一个黄色灯光——进站信号机在关闭状态或显示两个黄色灯光。

图 4 – 13　各类接近信号机显示信息

6. 调车信号机

调车信号机显示信息如图 4 – 14 所示。

作用：采用集中联锁的车站，在经常进行调车作业的线路上以及非联锁区到联锁区的入口处应装设调车信号机，用于指示调车机车车列能否越过调车信号机进行调车作业。

命名：D，以数字序号作为下标，从列车到达方向起顺序编号，下行咽喉用单号，上行咽喉用双号。当车站包括几个车场时，每个车场的调车信号机用三位数表示，其中百位数表示场别。

图 4 – 14　各类调车信号机显示信息

（1）出站或进路信号机常兼作调车信号机。

（2）一个月白色灯光——准许越过该信号机调车。

（3）一个月白色闪光灯光——装有平面溜放调车区集中联锁设备时，准许溜放调车。

（4）一个蓝色灯光——不准越过该信号机调车。

调车信号机布局如图 4 – 15 所示。

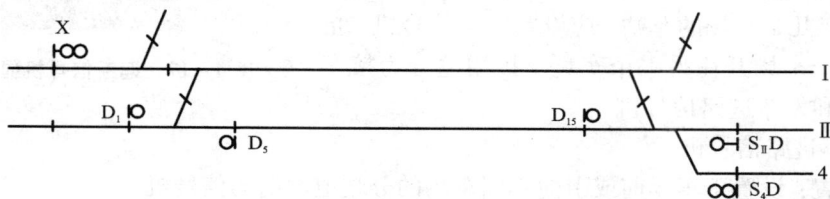

图 4 – 15　各类调车信号机布局图

7. 复示信号机

复示信号机显示信息如图 4 – 16 所示。

作用：进站、出站、进路、调车等信号机因受地形、地物影响达不到规定的显示距离时，应在其前方适当地点设置复示信号机，以保证信号的连续显示。

命名：F，后面缀以主体信号的名称。

图 4 – 16　各类复示信号机显示信息

（1）两个月白色灯光与水平线构成 60°角显示——进站信号机显示列车经道岔直向位置向正线接车信号。

（2）两个月白色灯光水平位置显示——进站信号机显示列车经道岔侧向位置接车信号。

（3）无显示——进站信号机在关闭状态。

（4）一个绿色灯光——出站或进路信号机在开放状态。

（5）无显示——出站或进路信号机在关闭状态。

（6）一个月白色灯光——调车信号机在开放状态。

（7）无显示——调车信号机在关闭状态。

8. 遮断信号机

遮断信号机显示信息如图 4 – 17 所示。

作用：在繁忙道口，有人看守的较大桥梁、隧道，以及可能危及行车安全的塌方落石地点，可根据需要装设遮断信号机。

设置：距离防护地点大于 50 m 处，采用方形背板，并在机柱涂黑白相间的斜线。

（1）一个红色灯光——不准列车越过该信号机。

（2）不着灯——不起信号作用。

9. 进路信号机

作用：有几个车场的车站，应设置进路信号机，指示列车由一个车场开往另一个车场。按用途分为接车进路信号机和发车进路信号机。

图 4-17　遮断信号机显示信息

（1）接车进路信号机。

设置位置：设置于车场前或引向不同车场的分歧道岔前的信号机。

命名：上行用 SL，下行用 XL。

显示：与进站信号机相同，不同的是兼做调车信号机。

（2）发车进路信号机。

设置位置：设置于车场到发线端部的进路信号机。

命名：上行用 S，下行用 X，并以车场号为下标，再缀以股道编号。

显示：与出站信号机相似。

进路信号机布局如图 4-18 所示。

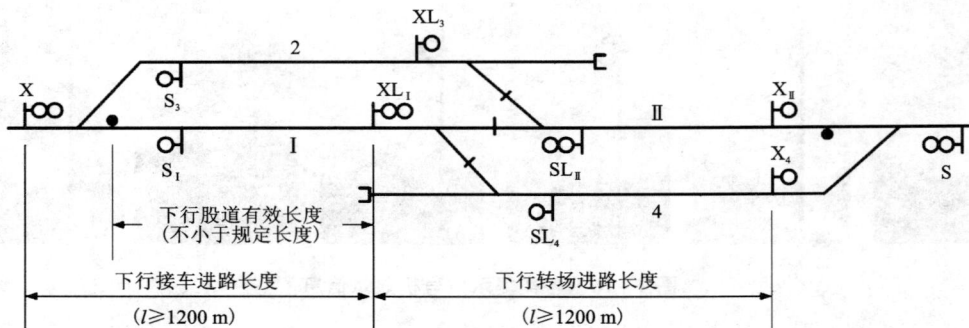

图 4-18　进路信号机设置示意图

4.6　固定信号机的定位显示

信号机分为开放和关闭两种状态，其经常保持的显示状态为定位显示。

信号机定位显示的确定，一般应考虑保证行车安全，提高运输效率及信号显示自动化等因素。

在车站或线路所，由人工控制的信号机以禁止灯光为定位显示。如进站、出站、线路所通过信号机的红灯，调车信号机的蓝灯。

受列车运行等影响能够自动关闭和开放的信号机一般以允许灯光为定位显示。如自动闭塞通过信号机的绿灯，进站信号机前方的第一架通过信号机兼预告信号机的黄灯。

预告信号机和接近信号机的黄灯。

遮断信号机和各种复示信号机无显示。

4.7　信号表示器

信号表示器是对行车人员传达行车或调车意图，或对信号进行某些补充说明所用的设备，没有防护意义。

4.7.1　进路表示器

当一架出站信号机需要指示两个及其以上的发车方向，而信号显示本身不能分别表示运行方向时，为使有关行车人员在信号开放后知道列车开往方向，在该信号机上应装设进路表示器，如图 4 - 19 所示。

进路表示器不能单独构成信号命令，只有在出站信号机开放后，才能显示白色灯光表示开往方向。进路表示器布局图如图 4 - 20 所示。

图 4 - 19　进路表示器图

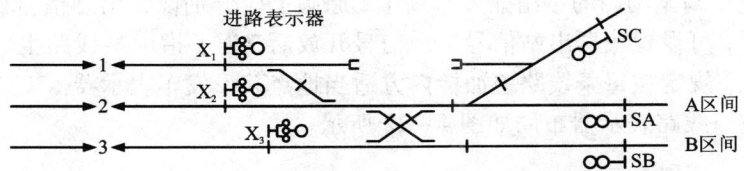

图 4 - 20　进路表示器布局图

4.7.2　道岔表示器

设置于非集中操纵的道岔旁，用于反映道岔开通位置。道岔表示器示意图如图 4 - 21 所示。

4.7.3　发车表示器

发车表示器是运转车长通知司机发车用的表示器。

机车司机启动列车运行时，除必须确定信号已经开放外，还需接受运转车长的命令。运转车长确认列车完整，制动主管风压正常，旅客列车旅客上下已经完毕，在无危及行车安全的前提下，向司机发出发车命令。

在曲线车站或站内有桥隧建筑物时，车长发出的发车命令，列车司机辨认困难，而车站值班员中转信号又延长列车停站时间时，可设置发车表示器。

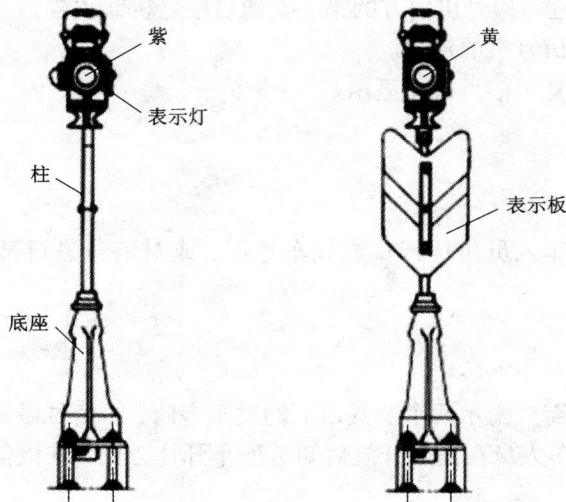

图 4 – 21　道岔表示器示意图

4.7.4　发车线路表示器

调车场内的编组兼发车线上，原则上应分别设置出站信号机，但在发车次数较少的情况下，可设置线群出站信号机。信号开放后，为了指示某线路上的列车出发，防止邻线列车误认，规定在每条线路警冲标内方适当地点装设发车表示器。

线路表示器布局如图 4 – 22 所示。

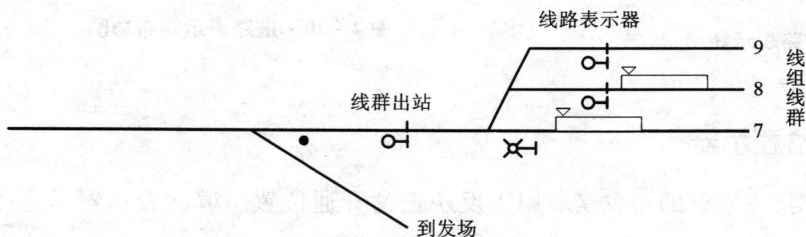

图 4 – 22　线路表示器布局图

4.8　信号显示距离

（1）进站、通过、遮断、防护信号机，不得少于 1000 m。

（2）高柱出站、高柱进路信号机，不得小于 800 m。

（3）出站、进路、预告、驼峰信号机，不得少于 400 m。

（4）调车、矮型出站、矮型进路、复示信号机，容许和引导信号以及各种表示器，均不得少于 200 m。

（5）因地形、地物影响信号显示的地方，进站、通过、预告、遮断、防护信号机的显示距离，在最坏条件下不得小于 200 m。

4.9 连锁闭塞

4.9.1 联锁

1. 联锁的概念

联锁：表示为了保证行车安全，信号、道岔、进路这三者之间相互制约的关系。

进路：列车和调车车列在站内运行所经过的路径。

2. 联锁道岔

道岔是指列车从一股道转向另一股道的转辙设备。

联锁道岔是指在车站联锁区范围内参加联锁的道岔，如图 4 -23 所示。联锁道岔结构如图 4 -24 所示。

图 4 -23 联锁道岔图示

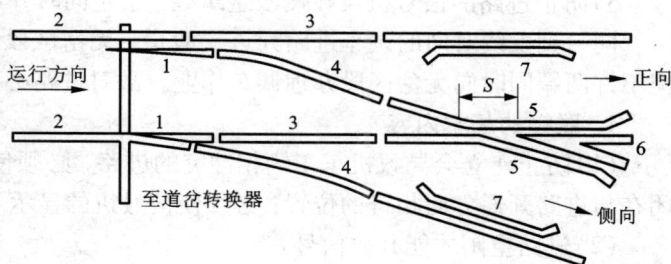

图 4 -24 联锁道岔结构图示

3. 进路

列车或车列在站内由一点运行至另一点的全部路径为进路。包括：列车进路、调车进路。进路中包括有若干个轨道电路区段。

(1)列车进路。

列车接车进路：列车进入车站(场)所经过的进路。始于进站信号机(或接车进站信号机)，止于另一咽喉的出站信号机(进路信号机)。

列车发车进路：列车经由车站或车场驶出所经过的径路；起于出站信号机，止于发车口。

通过进路：列车经正线不停车通过车站(车场)的进路。包括下行接车和下行发车进路。

(2)调车进路。

短调车进路：从起始调车信号机开始，到次架阻挡信号机止的一个单元调车进路。

长调车进路：由两个或两个以上的单元调车进路组成。

长短不是指进路长度的长短，而是指调车进路中，阻挡信号机是一架还是几架。

（3）基本进路和变通进路。

站内由一点向另一点运行有几条径路时，规定常用的一条路径为基本进路。一般是两点之间最近的、对其他进路作业影响最小的进路。

基本进路以外的其余进路为变通进路。设计变通进路的目的是为了提高作业效率，增加列车或调车车列运行的灵活性。当正常的行车线路上的道岔故障、轨道电路被占用或故障等原因不能开通基本进路时，可以开变通进路，使列车或调车迂回前进而不受阻。

（4）敌对进路。

同时行车会危及行车安全的任意两条进路，有以下几种情况：

1）同一到发线上对向的列车进路与列车进路。

2）同一到发线上对向的列车进路与调车进路。

3）同一咽喉区内对向重叠的列车进路或调车进路。

4）同一咽喉区内对向重叠或顺向重叠的列车进路与调车进路。

5）进站信号机外方制动距离内接车方向有超过 6‰ 下坡道时，而在该下坡道方向的终端未设线路隔开设备时，该下坡道方向的接车进路与另一端咽喉的接车进路、非同一到发线的发车进路，以及对方咽喉的调车进路。

6）防护进路的信号机设在侵限绝缘处，禁止同时开通进路。

同一到发线对向的调车进路允许。股道、无岔区段有车占用时允许向其排列调车进路，但不许两端同时向无岔区段办理调车作业。敌对进路必须相互照查，不能同时建立。

4. 联锁的基本内容

（1）防止建立会导致机车车辆相冲突的进路，必须使列车或调车车列经过的所有道岔锁闭在与进路开通方向相符的位置；必须使信号机的显示与所建立进路相符。

（2）进路空闲才能开放信号。

（3）道岔位置正确要求检查，信号开放后，道岔应锁闭。

（4）敌对信号未关闭，本信号不能开放。

4.9.2 闭塞

闭塞设备是保证区间行车安全、提高运输效率的区间信号设备。我国目前主要使用的是半自动闭塞和自动闭塞，前者运用于单线铁路，后者运用于双线铁路。

1. 概念

按照一定的方法组织列车在区间的运行称为闭塞。

行车闭塞制式大致经历了：电报或电话—路签—半自动—自动闭塞的发展过程。

区间是指两个车站之间的铁路线，车站之间为站间区间，车站与线路所之间为所间区间。可以分为单线区间、双线区间等。

2. 半自动闭塞

其以出站信号机的允许信号显示作为发车凭证，发车站的出站信号机必须经两站同意，办理闭塞手续后才能开放信号，列车进入区间自动关闭。而且列车未到达接车站以前，向该区间发车用的所有信号机都不能开放，这样就保证了两站间的区间内同时只有一列列车运行。

半自动闭塞区间不设轨道电路，不能监督列车在区间内是否遗留有车辆，列车的整列到达必须依靠值班员的确认，以专用的复原按钮发送到达复原信号之后，区间才能解除闭塞，因此是半自动的。其原理如下：

（1）甲站要求向乙站发车、必须得到乙站同意后，甲站的出站信号机才能开放；

（2）列车由甲站出发进入区间后，出站信号机自动关闭，实现区间闭塞，两站都不能再向该区间发车；

（3）列车到达乙站后、车站值班员确认列车完整到达后，方可解除闭塞，也就是说，在列车没有被证实已全部到达接车站前，任何一方的出站信号机都不可能开放；

（4）设备发生故障，不能正常解除闭塞时，在证实列车已全部到达接车站，经双方同意后，可用事故复原方式解除闭塞。

3. 自动闭塞

根据列车运行以及有关闭塞分区状态，自动变换通过信号机的显示而司机凭信号行车的闭塞方式。

采用自动闭塞的区段，将站间区间划分为若干个小区间，叫闭塞分区。在每一个闭塞分区的入口处（始端）装设通过信号机。在整个区段，各闭塞分区都装有轨道电路（或计轴器）。

通过轨道电路将列车运行和通过信号机的显示联系起来，根据列车运行自动变换信号机的显示，在列车运行过程中自动完成闭塞的作用。

自动闭塞优点包括：

（1）提高了区间的通过能力；

（2）简化了办理接发列车的程序，既提高了通过能力，又减轻了车站值班员的劳动强度；

（3）确保了列车在区间的行车安全。

4. 自动站间闭塞

不需要人工办理闭塞和到达复原，闭塞作用自动完成。两站之间不划分闭塞分区，也不设置通过信号机，作为一个闭塞分区。

第二篇

行车调度组织类

第 5 章

车站作业计划编制实验

5.1　车站作业计划概述

车站作业计划包括班计划、阶段计划和调车作业计划，根据铁路局下达的日（班）计划进行编制，是车站实现运输组织指挥的主要依据。车站作业计划质量的高低，直接涉及车站效率、安全畅通。因此，要求紧密安排计划，精心组织实施，编制高质量作业计划。

5.1.1　车站班计划

车站班计划是车站作业计划的基本计划，指在一个班内车站应完成的各项运输任务的作业组织计划。一日需要编制两个班计划，即 18：00—6：00 为第一班；6：00—18：00 为第二班。

车站班计划的编制应根据铁路局下达的班计划任务和领导重点指示，按照列车编组计划、列车运行图、运输方案和《车站行车工作细则》（以下简称站细）的要求，一般由主管副站长（调度室主任或运转主任）负责编制，经站长（或副站长）批准后下达执行。

1. 车站班计划内容

（1）列车到达计划。各方向到达的列车车次（划分车场的车站要有场别）、时分、机车型号、编组内容（去向别重车数、车种别空车数、到达本站重车数）。

（2）列车出发计划。发往各方向的列车车次（划分车场的车站要有场别）、时分、机车交路和型号、编组内容（去向别重车数、车种别空车数）、车流来源。

（3）卸车计划。全站卸车数、主要卸车点大宗货物卸车数、卸后空车用途。

（4）排空计划。包括车种别的排空车数及挂运车次。

（5）装车计划。全站装车数、主要装车点大宗货物品类、车种、去向别的装车数，配空来源，挂运车次。

（6）客车底取送、摘挂、调转的车次、时间、车种、辆数。

（7）班工作总任务。

2. 班计划的编制步骤与方法

（1）编制前的准备工作。收集资料、预计 18：00（6：00）现在车、铁路局批准的装车计划、向局调度所报告计划资料、每日 17：00（5：00）前铁路局下达的班计划。

（2）编制班计划。

1）列车到达计划。列车到达计划是调度指挥中心作为任务下达的，车站不另编列车到达计划。将到达本站的列车车次、时分、编组内容（去向别重车数、车种别空车数、到达本站重车数），直接填记在班计划表有关栏内。

2）列车出发计划。列车出发计划中的出发列车车次和时分是调度指挥中心作为任务下达的，车站编制列车出发计划主要是确定每一出发列车的具体编组内容和车流来源。

每一出发列车的编组内容按列车编组计划确定，当列车可编入多于一个到站的车流时，应根据具体的车流条件选定。

出发列车的车流来源为：已在调车场集结的车辆，在货场、专用线和站修线待取的车辆，在到达场待解的车辆，在计划期内陆续到达的车辆和陆续装卸完毕的车辆。

3）卸车、装车和排空车计划。车站在编制卸车、装车和排空车计划时，必须确保完成路局调度指挥中心下达的卸车、装车和排空车任务。

卸车计划根据待卸车和本班内到达作业车车数及时间的资料，并考虑调车机车取送能力、卸车机具和劳力，以及卸车场地等情况确定，对到达的大宗货物车辆应做重点安排。

排空车计划一般按照调度指挥中心下达的命令确定，并按指定排空车次、车种、车数进行安排。

装车计划根据完成排空车计划后所余空车情况，按照"保证重点、照顾一般"的原则，并结合车辆集结过程的需要，确定各装车地点的装车货物品类、到站、车种、车数、配空来源、装完时间和挂运车次。

在制定卸车和装车计划的同时，对货物作业车和检修车的取送调车计划应作出轮廓安排。

4）推算中时、停时指标。

按中转车和货物作业车分别填记 18:00（6:00）结存车数；

根据到达和出发计划按小时统计并填记中转车数及货物作业车数；

计算每小时末结存车数和停留时间；

加总本班到达、出发的中转车数和货物作业车数；

加总结存车数即得总停留时间；

统计货物作业次数；

计算中时、停时指标。

5）班工作总任务。将班内应完成的主要任务进行汇总，填记在各相应栏内。

6）重点指示。编制班计划时，应将上级有关命令、指示和必须完成的重点事项，完成班计划的关键问题和重点要求，安全生产和作业组织上应注意的事项（如施工封锁、天气变化、设备维修、挂运阔大货物、更换调车机车等）记于记事栏，以引起当班职工重视。

5.1.2 车站阶段计划

阶段计划是车站班计划分阶段的具体安排，也是完成班计划的保证，由车站调度员编制。一般情况下，一个班分为 3~4 个阶段，即每个阶段计划的时间为 3~4 h。

1. 阶段计划的主要内容

（1）各方向到达列车车次、时分、机车型号、进入场别、占用线别、编组内容、解体顺序和起止时分；

（2）发往各方向的列车车次、时分、机车交路及型号、编组内容、车流来源、占用发车场别、线别、编组作业起止时分；

（3）各车辆作业地点（包括货场、专用线、段管线）取送车时间、车数及挂运车次，转场车及客车底的取送时间；

（4）无调中转列车及部分改编中转列车的到发时分、占用股道、甩挂车数及作业时间；

（5）调车机作业顺序、起止时分，以及安排调机整备、牵出线和驼峰使用。

2. 车站技术作业图表

（1）车站技术作业图表的作用。车站技术作业图表是车站调度员用以编制阶段计划和进行调度指挥的工具。由于它能全面记录车站技术设备运用和作业进度的实际情况，因此，它又是车站工作分析的原始资料。

（2）车站技术作业图表的格式。列车到达栏、列车编组内容栏、到发场栏、调车场栏、驼峰或牵出线栏、装卸地点栏和调车机车动态栏。

（3）车站技术作业图表的填。填记调车场及装卸地点结存车数；填记到达解体列车车次、到达时刻、编组内容、占用到发线和解体起止时分；填记始发编组列车；填记中转列车；填记取送车；调机动态填记。

3. 阶段计划的编制

（1）编制资料。班计划规定的本阶段列车到发、解编及车辆取送任务；现车情况；阶段开始时到发线占用及机车交路情况；调车机车作业进度情况；机车交路及整备计划；车辆扣修计划、站内施工计划；车辆转场计划。

（2）编制步骤。填记阶段开始时到发场、调车场、货场、专用线等股道存车情况；填记列车到发情况；根据编组车列的需要，合理组织车流，安排调车机车解编、取送作业顺序及起止时分；按填画技术作业图表的规定，随时推算并填记调车场、装卸地点等处车流变化情况。

5.1.3　调车作业计划

调车作业计划是保证实现阶段计划的调车作业具体行动计划，是对每一项调车作业的具体行动安排，是调车有关人员行动的依据。调车作业计划由调车领导人负责编制。

1. 调车作业计划的内容

月日、顺号、调车组别、作业内容（编组或解体车次、取送作业或站内整理）及起止时分、运用股道（场别）、摘挂车数（包括解体作业第一钩牵出开口处的车种、车号及其他作业摘挂10 辆以上的摘或挂的车种、车号）、注意事项及特殊限制、调车领导人姓名。

2. 调车作业计划的编制要求

（1）符合列车编组计划、列车运行图和《铁路技术管理规程》的有关规定，保证调车作业和人员安全。

（2）合理运用技术设备和先进工作方法，最大限度地实行解体照顾编组，解体照顾送车，使解、编、取、送密切结合，做到钩数少、行程短、占用线路少、作业方便。

（3）做到及时、准确、完整。"及时"，就是及时编制和下达调车作业计划。"准确"，就是保证计划本身无漏洞、无差错，尽量不变或少变计划。"完整"，就是要求调车作业通知单字迹清楚，记事齐全。

3. 编制调车作业计划的依据

（1）阶段计划规定的解体、编组、取送作业顺序和起止时间。

（2）到达列车编组顺序表的确报，包括车种、车号、到站、品名、收货人和特殊标记等。

（3）调车场、货场线路固定使用、容纳车数和停留车情况。

（4）所属调车区的现在车及其分布情况。

（5）货场及专用线的装卸作业进度。调车区长应事先与货场、专用线的货运人员联系了解装卸作业进度、线路存车顺序、空重（空车分车种、重车分去向）。

（6）驼峰（牵出线）利用情况及调车机工作动态。

4．调车作业计划编制方法

（1）解体调车作业计划。车列的解体调车，一般是通过驼峰或牵出线把调车车列按车辆的去向，分解到固定使用的调车线内，为以后的编组和取送作业创造条件。

（2）编组调车作业计划。按列车要求的编组方法不同，编组调车作业计划基本上可以分为三类，即：单组混编、分组选编和按站顺编挂。

（3）取送调车作业计划。取送调车作业计划也是以调车作业通知单的形式下达的。

5．编制调车作业计划时应注意的问题

调车计划是调车作业的行动依据，对完成班计划和阶段计划起着非常重要的作用。编制调车作业计划时，调车领导人应考虑到需要与可能的各种因素，并留有一定的余地，尽量防止由于各种原因的影响，使调车作业不能按计划的要求完成，造成以后的工作被动。为了使调车作业计划得以实现，应注意下面几点。

（1）调车作业计划应做到及时、准确，调车领导人应尽量不变更计划，因为变更计划不但影响调车效率，而且往往因为传达不彻底而造成事故。所以，计划的本身应保证调车作业的不间断和顺利进行。

（2）在调车作业通知单中应详尽地注明车辆的特殊限制。对装载危险品的车辆，注明三角代号；装载长大、超限、易窜、轻浮货物的车辆，限制连挂的车辆，禁止溜放的车辆，禁止越过驼峰的车辆，乘坐押运人的车辆都要分别用不同符号注明。停留车位置及防溜措施、作业起止时分、残存车数等注意事项也要一一注明。

（3）组织调车组和乘务组按时接班，及时做好作业前的准备工作，并应尽量缩短交接班和吃饭时间，压缩非生产时间。根据作业需要，保证按计划的要求及时动车；为了突出关键作业，调车组应与司机及时联系，加强联劳协作，尽可能提前动车，迅速作业，保证后面的作业能顺利进行。

（4）掌握调车机车的作业进度。调车场两端进行分区调车作业或需要越区作业时，要加强与对方的联系工作，做到协同动作，避免相互干扰或等待。

（5）要加强与列检的联系，加快列车技术检查，做到尽量压缩或不延长列车的技术作业时间。发挥联劳组织的作用，保证解体列车及时进行。

（6）要及时与车站值班员联系，掌握到发线的使用情况，及时报告腾空或占用到发线的时间，以便车站值班员可以按计划安排使用到发线，联系机车出库，组织列检作业等。为了方便调车作业，遇调车线路使用紧张时，可取得车站值班员同意后，暂借用到发线，缓和调车场紧张局面，以免堵塞降低调车作业效率。

（7）在作业中应充分利用一切技术设备，采用先进的工作方法，加速作业进度，做到高效率地进行调车作业（如解体车列时应充分利用驼峰设备；车列转线时应尽量缩短调车行程；平面调车要少做挂车钩，多做溜放钩，减少推送钩等），不致因作业的迟缓影响调车作业计划的实现。

（8）要考虑调车场两端调车机车的作业协调，把计划统一起来。

（9）在作业中应遵章守纪，特别注意人身安全和行车安全。

5.2　车站作业计划编制实验

5.2.1　实验目的及要求

通过实验，掌握车站作业计划的编制方法。

5.2.2　绘制列车到、发运行线及占用到发线

（1）设计车站技术作业图表；

（2）画出到发列车运行线，标明时刻及到达列车编组内容；

（3）画出到发列车占用到发线的顺序及起止时间。

5.2.3　安排车站调车机车作业

（1）填记调车场及装卸地点结存车数；

（2）填记到达解体列车的解体图解；

（3）填记自编始发列车的编组图解；

（4）填记取送调车的安排图解；

（5）绘制调车机车动态。

5.2.4　调车作业计划的编制

结合实例现车现状，根据调度命令要求编制调车作业计划。

5.2.5　调车作业模拟演练

实例指导书详见附录1：调车作业模拟演练指导书。

第 6 章
接发列车工作和技术站列车技术作业

6.1　列车分类

6.1.1　列车及其分类

列车是指编成的车列并挂有机车和规定的列车标志。

1. 按运输性质分

①旅客列车(特快、快速、普通旅客列车);

②行邮行包列车(特快、快速行邮列车、行包列车);

③军用列车;

④货物列车(五定班列、快运、重载、直达、直通、冷藏、自备车、区段、摘挂、超限及小运转列车);

⑤路用列车,见图 6-1。

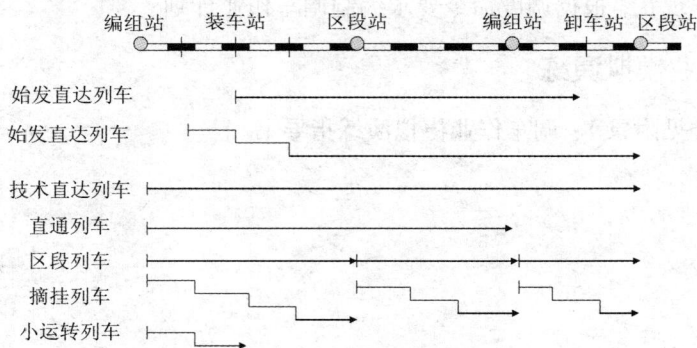

图 6-1　各种性质的列车示意图

2. 按运输特征和用途分

①五定班列(定点、定线、定车次、定时、定价的列车);

②快运货物列车(快速运送鲜活、易腐及其他急运货物的列车);

③超限列车(挂有装载超限货物的车辆并冠以超限列车车次的列车);

④重载列车(牵引重量在 5000 t 及其以上的列车);

⑤保温列车[由保温车(冷藏车)组成并冠以保温列车车次的列车];

⑥自备车列车(车辆产权属于企业的始发直达或整列短途列车)。

3. 按列车内的车组数目及编组方式分

①单组列车(全部由到达列车终到站及其以远的车辆编组而成的列车);

②分组列车(由到达列车终到站及其以远的车辆和终到站以近的车辆组成,且必须按去向分组的列车)。

6.1.2　旅客列车与货物列车在行车组织中的差别

(1)旅客列车编组内容在途中一般是不改变的,而货物列车的编组内容常有可能在途中发生变化;

(2)旅客列车一般在到达终点站,停留一段时间进行各种作业后以原车底装载旅客返回始发站,而货物列车采取这种固定车底循环运转方式的却很少;

(3)旅客列车在始发站不必重新编组,至多进行少量的车辆甩挂作业,而货物列车每天都要重新编组,编组内容每天都不同;

(4)旅客列车一般是成对运行的,而货物列车不一定成对运行。

6.2　车站接发列车工作

6.2.1　基本概念

闭塞设备——保证列车按区间(或闭塞分区)间隔行车,在同一时间和同一区间内的一条正线上只准许有一列列车运行,以防止同向列车尾追或对向列车正向冲突。实现这一要求的技术设备称为闭塞设备。

列车进路——列车到达、出发或通过所需占用的一段站内线路,如图 6-2 所示。

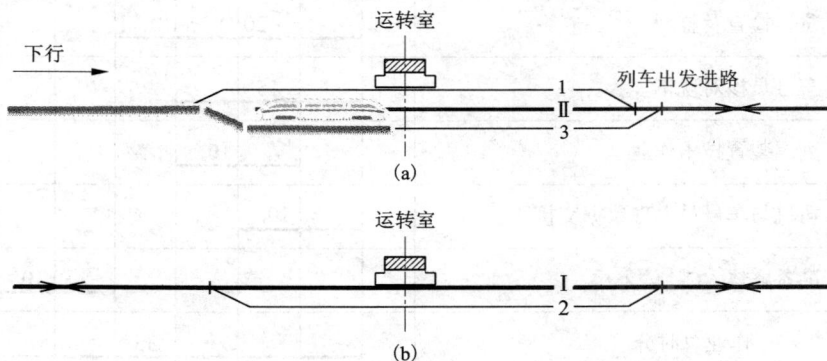

图 6-2　列车进路示意图

(a)列车到达进路示意图;(b)列车通过进路示意图

6.2.2　接发列车时需办理的作业

(1)办理区间闭塞;

（2）准备接车或发车进路；

（3）开放和关闭进站信号或出站信号；

（4）接交行车凭证（不使用自动闭塞和半自动闭塞时）；

（5）迎送列车及指示发车。

6.3　技术站列车技术作业

6.3.1　接发列车必须办理的技术作业

（1）车辆的技术检查和修理；

（2）车辆的货运检查及整理；

（3）车号员核对现车；

（4）车列及票据的交接；

（5）摘挂机车或机车乘务组换班。

6.3.2　到达解体列车技术作业过程

到达解体列车技术作业过程如表6-1所示。

表6-1　到达解体列车技术作业过程

顺序	作业项目	作业时间/min
		0　5　10　15　20　25　30　35　40
1	检车员、车号员、货运检查员出动	
2	车辆技术检修(包括试风及摘机车)	35
3	货运检查及整理	20
4	车号员核对现车	15
5	列尾装置技术作业	10
6	司机与车号员办理票据交接	10
7	准备解体	10
	作业总时分	35

6.3.3　自编始发列车技术作业过程

自编始发列车技术作业过程如表6-2所示。

表 6 – 2　自编始发列车技术作业过程

顺序	作业项目	作业时间/min									
		0	5	10	15	20	25	30	35	40	45
1	检车员、车号员、货运检查员出动	▬									
2	车辆技术检查和修理			25							
3	货运检查及整理		18								
4	车号员核对现车		16								
5	列尾装置技术作业			10							
6	司机接收票据和列车		20								
7	挂机车及试风							7			
8	准备发车及发车							13			
作业总时分				33							

6.3.4　无改编中转列车技术作业过程

无改编中转列车技术作业过程如表 6 – 3 所示。

表 6 – 3　无改编中转列车技术作业过程

顺序	作业项目	作业时间/min									
		0	5	10	15	20	25	30	35	40	45
1	检车员、车号员、货运检查员出动	▬									
2	到达试风、摘机车、车辆技术检查和修理					35					
3	货运检查及整理			20							
4	交接票据并接收列车			20							
5	车号员核对现车			15							
6	列尾装置技术作业			10							
7	挂机车及试风								5		
8	准备发车及发车									6	
作业总时分					41						

6.3.5　部分改编中转列车技术作业过程

部分改编中转列车技术作业过程如表6-4所示。

表6-4　部分改编中转列车技术作业过程

顺序	作业项目	作业时间/min										
		0	5	10	15	20	25	30	35	40	45	50
1	检车员、车号员、货运检查员出动	—										
2	车辆技术检查及修理(包括摘机车及试风)					35						
3	货运检查及整理				25							
4	部分改编调车作业							10				
5	司机接收票据和列车				25							
6	车号员核对现车			15								
7	列尾装置技术作业			10								
8	挂机车及试风								10			
9	准备发车及发车									6		
	作业总时分						46					

6.4　车站接发车作业情景模拟实验

6.4.1　实验目的及要求

通过实验,熟练掌握接发车作业流程。

6.4.2　实验步骤

1. 接车

(1)值班员:听取发车站请求闭塞。

(2)邻站:××次闭塞。

(3)值班员:根据闭塞表示灯、行车日志及各种行车表示牌,确认区间空闲:"区间空闲"。

(4)按列车运行计划核对车次时刻命令指示。

(5)同意闭塞:同意××次闭塞。一听铃响、二看黄灯、三按闭塞按钮、四确认绿色灯光,口呼:"××(次)闭塞好(了)",助理值班员:应答:"××(次)闭塞好(了)"。

(6)填写行车日志。

（7）必要时与列车调度员核对车次，了解列车停通会作业时间等。

（8）值班员："××站接×次"。

（9）调度员："××次正常接"。

（10）值班员：确定接车线，×次接×道。

（11）通知助理值班员："××次×道停车"。

（12）助理值班员：复诵"××次×道停车"并填写占线板。

（13）值班员：听取发车站开车通知。

（14）邻站："××次×点×分开"。

（15）值班员："××次×点×分开"。

（16）填写行车日志。

（17）值班员：通知助理值班员："××次开过来了"。

（18）助理值班员：复诵："××次开过来了"。

（19）值班员：按站细规定通知有关人员，确认接车线路空闲，×道空闲。

（20）值班员："停止影响进路的调车作业"，调车长停止×道作业，值班干部：×道调车作业已停止。

（21）确认停止后口呼："影响进路的调车作业已停止"。

（22）值班员：开放进站信号，口呼："进站"，按下始端按钮；口呼"×道"，按下终端按钮。确认光带、信号显示正确，口呼："信号好"（客车加扣客车帽）。

（23）助理值班员：通过控制台确认信号正确，应答："×道进站信号好"。

（24）通过控制台监视信号及进路表示，司机："××站×次接近"。

（25）值班员："××次×站×道停车"。

（26）司机："××次×站×道停车，司机明白"。

（27）值班员：接近铃响光带变红时，再次确认信号开放正确。

（28）通知助理值班员："××次接近×道接车"。

（29）助理值班员：通过控制台再次确认信号正确，复诵："××次接近×道接车"，到《站细》规定地点接车。

（30）值班员：通过控制台监视进路、信号及列车进站。

（31）助理值班员：监视列车进站，于列车停妥后返回。

（32）通过控制台确认列车整列进入接车线（加扣机车帽），客车摘下客车帽。

（33）填写行车日志。

（34）开通区间，一看闭塞表示灯、二按复原按钮、三确认灯光熄灭。

（35）通知发车站："××次×点×分到"。

（36）值班员：向列车调度员报点："×站报点，××次×点×分到"。

（37）值班员：接车作业完毕。

2. 发车

（1）值班员：根据闭塞表示灯，行车日志及各种行车表示牌，确认区间空闲，请求闭塞："××次闭塞"。

（2）邻站："同意××次闭塞"。一按闭塞按钮、二听铃响、三看黄灯变绿，口呼：××（次）闭塞好（了），助理值班员应答：××（次）闭塞好（了），值班员：填写行车日志。值班员："停止影响进路的调车作业"，调车长停止×道作业。值班干部：×道调车作业已停止。值班员：确认停止后口呼：影响进路的调车作业已停止。

（3）开放出站信号，口呼："×道"，按下始端按钮；口呼："出站"，按下终端按钮。确认光带、信号显示正确，口呼："信号好"（客车加扣客车帽）。

（4）助理值班员：通过控制台确认信号正确，应答："×道出站信号好"。通知司机："××次×道出站信号好"；（发客车时司机："××站客车××次询问进路"），值班员："客车××次×道出站信号好了"。

（5）司机："××次×道出站信号好，司机明白"。

（6）值班员：通知助理值班员："××次×道发车"。

（7）助理值班员：复诵："××次×道发车"，发车前眼看手指出站信号，确认信号开放正确，口呼："×道出站信号好了"，确认旅客上下行包装卸和列检作业结束，按规定站在适当地点显示发车信号。

（8）值班员：通过控制台监视信号及进路表示。

（9）列车启动，通知接车站："××次×点×分开"。

（10）邻站："××次×点×分开"。

（11）值班员：填写行车日志。

（12）助理值班员：监视列车，于列车尾部越过发车地点，确认列车尾部标志："尾部标志完整"（旅客列车：于列车尾部越过站台端部后返回）。

（13）值班员：通过控制台确认列车整列出站（客车：摘下客车帽）。

（14）助理值班员：擦掉占线板记载。

（15）值班员：向列车调度员报点："×站报点，××次×点×分开"。

（16）调度员："××次×点×分开"。

（17）值班员：复诵接车站列车到达通知，并确认闭塞表示灯熄灭。

（18）邻站："××次×点×分到"。

（19）值班员：复诵："××次×点×分到"，填写行车日志。

（20）值班员：发车作业完毕。

第 7 章

计算机联锁系统

7.1 计算机联锁概述

车站计算机联锁系统(以下简称计算机联锁)是一种新型的铁路车站自动控制设备,在保证安全的前提下,以最经济、合理的技术措施提高运输效率,改善劳动条件,设备可靠,维修方便,便于联网。

计算机联锁根据作业情况可办理列车、调车作业,单独操作道岔和单独锁闭道岔,引导接车或引导总锁闭接车等,有的站还可办理单钩、连续溜放作业,储存溜放进路,具有检查、修改、增钩、减钩的功能。操作方式主要采用鼠标操作方式,所有作业均用鼠标在屏幕上按压"按钮"进行操作。通过大屏幕彩色显示器显示操作命令和现场的设备状态。屏幕上有各种汉字提示,并通过语音代替电铃报警。若办理进路的操作有误时,在屏幕上将显示办理有误的提示。

TYJL-Ⅱ型计算机联锁系统是双机热备,在同步状态下,故障时可自动切换,切换时不影响进路的办理。亦可进行人工切换,非同步时人工切换必须由电务和车务人员共同确认全场没有办理任何进路时才能进行,并记录切换的原因。人工切换后全场锁闭,由电务和车务人员共同确认机车车列完全停止行走时,通过"上电解锁"按钮进行全场解锁。同步状态下进行人工切换不锁闭进路。

控制台的功能包括:显示站场状态,接受操作命令,也称 MMI,将站场表示、进路状态、操作结果用彩色显示器显示给操作人员,将操作人员的操作命令传输给监控机。

控制台的操作方式有:数字化仪操作盘、鼠标操作、单元按钮控制台三种;表示有两种:彩色显示器和单元表示盘。

7.2 计算机联锁系统基本操作实验

7.2.1 屏幕显示

屏幕显示按站场图形布置,平时显示的灰色光带为基本的轨道图形。有连续溜放作业的站场,在溜放区设有小区段,在屏幕上用蓝色竖线分隔。为调车作业设置的绝缘是大区段绝缘,在屏幕上用竖线表示,灰色为普通绝缘,红色带圆圈为超限绝缘。

屏幕图形显示各种颜色的含义如下：

1．轨道区段

平时轨道区段为粗线，当该区段的轨道继电器前后接点校核错时为细线。

灰色光带——基本图形；

白色光带——进路在锁闭状态或溜放进路在退路锁闭状态；

红色光带——轨道区段有车占用，或故障；

绿色光带——区段出清后尚未解锁或溜放进路在有车占用后处于退路锁闭状态；

蓝色光带——进路初选状态；

青色光带——接通光带，或连溜时溜放区的道岔位置。

也可点压机占按钮和股道上的信号按钮，人工设置或取消机占标志，用于办理特殊作业或封锁股道。

2．列车信号

红色——信号关闭；

绿色、单黄、绿黄、双黄及双绿——信号开放；

红色、白色同时显示——引导信号开放；

红色闪光——灯丝断丝；

白色闪光——溜放及退路信号开放；

白色外框（方形）——表明信号处于封闭状态，按钮失效；

粉红色外框（圆形）闪光——表明信号前后接点校核错。

3．调车信号

蓝色——调车信号机关闭；

红色——起阻挡作用的调车信号机关闭（用在某些地方，如专用线入口处）；

白色——调车信号机开放；

白色闪光——溜放进路及退路信号开放；

红色闪光——表示灯丝断丝；

白色外框（方形）——表明信号处于封闭状态，按钮失效；

粉红色外框（圆形）闪光——表明信号前后接点校核错。

信号机旁平时不显示名称号，只有在信号开放、相应股道有机占、信号前后接点校核错、灯丝断丝或办理进路时显示。点压"信号名称"按钮可显示信号名称号。

信号名称显示的含义为：

绿色闪光——办理列车作业，始端或终端按钮按下，进路尚未排通；

黄色闪光——办理调车作业，始端或终端按钮按下，进路尚未排通；

粉红色闪光——办理总取消；

红色闪光——办理总人解，正在延时解锁；

黄色——提示该信号在开放状态或相应股道有机占，信号前后接点校核错或断丝（断丝时信号复示器为红闪）；

浅灰色——办理总人解时，等待输入口令；

深灰色——按下信号名称按钮，显示全部信号名称；

红色外框（方形，在名称外）——表明该信号的接近轨道有机占；

青色——进路始端标志(信号关闭,始端信号内方第一区段没有解锁时自动显示,表示始端标志存在)。

4. 道岔

道岔岔尖处用缺口表示道岔位置,无缺口的一侧表示道岔开通位置。当道岔无表示时,道岔岔尖处闪白色光,挤岔时岔尖闪红色光,同时出现道岔名称。数字化仪盘面上道岔处箭头所指方向为道岔定位位置。点压"道岔名称"时,在显示器上道岔岔心处的短绿光带表示定位,短黄光带表示反位。

道岔名称有以下含义:

黄色——道岔正在转换;

红色——道岔单独锁闭;

白色——道岔封闭;

灰色——按下道岔名称按钮,显示全部道岔名称。

道岔单独锁闭的含义是指可通过该道岔锁定位置排进路,但不能操纵;道岔封闭是指不能通过该道岔排进路,但道岔可以单独操纵。道岔封闭是专为电务人员维修道岔而设。

5. 溜放标志"溜放"

在办理溜放作业时,牵出线轨道上方显示"溜放"。

黄色闪光——表示正在建立溜放状态;

黄色——暂停溜放;

白色——在溜放作业过程中;

白色闪光——表示溜放状态已被破坏;

红色闪光——正在办理取消溜放;

"溜放"显示由稳定白色变为白色闪光,表示当前的溜放状态已失效,其原因可能是分钩的车组没有进路命令或退路上的轨道电路发生故障或其他原因,此时应取消溜放,分析原因。

6. 在连溜过程中有钩车错钩时,错钩处的道岔交替闪红色和蓝色

7. 非进路标志"非进路"

在办理非进路作业时,非进路区上方显示"非进路";

白色闪光——表示正在建立或办理取消非进路;

白色——表示在非进路作业过程中。

7.2.2　按钮设置

采用数字化仪的站场,按钮设在数字化仪控制台上,操作时用光笔在控制台上点压有关按钮进行,信号员在用数字化仪办理完操作后,请不要将光笔放在数字化仪上站场平面图的有效范围内。采用鼠标控制的站场,利用按压鼠标左键来实现在屏幕上按压"按钮"的功能,屏幕上设置的按钮有通用按钮及其他按钮、除信号和道岔按钮外其他按钮平时都隐含在屏幕内。在屏幕空白处按压鼠标左键,屏幕上会出现功能按钮,在屏幕空白处按压鼠标右键可取消这些按钮。屏幕下方虚框为提示框。屏幕上按钮位置如图 7 - 1 所示。

1. 通用按钮

(1)信号按钮。数字化仪盘面线路上的绿色方块是列车按钮,线路旁的蓝色方块是调车

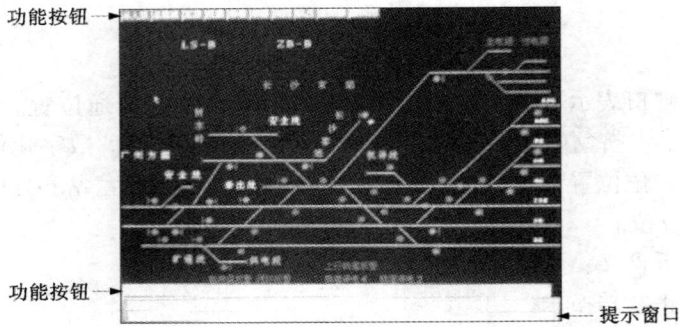

图 7 – 1　屏幕上按钮位置示意图

按钮或变更按钮。用鼠标操作时，用股道旁的列车信号机作为列车按钮，调车信号机作调车按钮。列车按钮用鼠标右键，调车按钮用左键。列车终端，调车终端，变更按钮为灰色方块。

（2）功能按钮。包括"总取消"、"总人解"、"道岔总定"、"道岔总反"、"道岔单锁"、"道岔单解"、"封闭"、"清封闭"、"区段故障解锁"、"破封检查"等按钮。办理时，先点压功能按钮，屏幕上出现该功能的提示，再点压有关的道岔或信号按钮。对于铅封按钮需再按口令，点压一次功能按钮，只能有效一次。凡是按压带口令的按钮时，屏幕均有计数器记录使用次数。倒机时，该记录可自动叠加。按下破封检查按钮可依次查看各个铅封按钮的使用次数。按区段故障解锁按钮还需按压区段内的道岔按钮。详情见"区段解锁按钮"一节。

（3）道岔按钮。设于道岔岔尖处的黄色圆块为道岔按钮，双动道岔两端均设有黄色圆块，用鼠标时，屏幕上道岔岔尖处为道岔按钮，双动道岔两端均为道岔按钮，点压任意一个均可。

（4）上电解锁按钮。开机或人工切换时，出现全场锁闭，只有此时才可以点压"上电解锁"按钮解锁，其他任何时候均不可以按压此按钮。用鼠标的站场，屏幕上平时无显示，办理时，按压鼠标左键，屏幕上显示"上电解"按钮，点压此按钮前，必须确认全场车列已停止运行，否则将可能造成迎面解锁。点压上电解锁按钮必须按照屏幕提示点压口令，使用该按钮后，应记录原因。

（5）信号名称按钮。全场设一个，点压后屏幕上出现所有信号机名称，再点压一次显示消失。

（6）道岔名称按钮。全场设一个，点压后屏幕上出现所有道岔名称及道岔所在位置，绿色短光带表示道岔处于定位，黄色短光带表示道岔处于反位，再点压一次显示消失。

（7）接通光带按钮。全场设一个，点压后屏幕上沿道岔开通位置用青色光带显示，再点压一次显示消失。

（8）清提示按钮。全场设一个，点压后可清除屏幕上提示窗口内不需要的汉字提示。

（9）清按钮按钮。对于任何已点压但尚未执行的按钮，可通过点压该按钮取消操作。

（10）车次按钮。先点压股道号，再依次点压车次号码，最后点压车次按钮，即可输入列车车次。先点压股道上的车次号，再次点压车次按钮，可取消车次号。

（11）区段解锁按钮（即区段故障解锁按钮）。用于轨道区段故障后造成的区段不解锁或故障区段修复后的区段解锁，在屏幕上显示为"区段解"按钮。只对道岔区段有效。办理区段故障解锁须确认该区段确实没有车占用，并且该区段所在进路的始端标志已经消失。办理时，先按区段解，再按相应道岔区段内的任一道岔按钮，再按口令"7、8、9"即可，以上每一步操作，屏幕提示窗口均有提示。

（12）坡道解锁按钮。当进站外方有大于 0.6% 的下坡道时，办理接车进路需办理延续进路，延续进路需延时 3 min 解锁，当值班员确认列车已完全到达，并停稳后可按下坡道解锁按钮和口令"4、5、6"，延续进路立即解锁。

2. 与溜放有关的按钮

（1）单钩溜放按钮。

（2）单办溜放按钮。

（3）取消溜放按钮。

（4）暂停溜放按钮。

（5）储存按钮。

（6）储存总清按钮。

（7）修改按钮。

（8）增钩按钮。

（9）钩按钮。

（10）进检、退检按钮。

（11）连续溜放按钮。

（12）分路道岔转换按钮。

3. 与 64D（F）半自动闭塞有关的按钮

（1）闭塞按钮。发车站请求发车或接车站同意接车时，须点压此按钮（64F 半自动闭塞方式下，无此按钮）。

（2）复原按钮。接车站确认列车完整到达后，点压此按钮，可解除闭塞。在满足取消闭塞的情况下，经双方同意后，由发车站点压此按钮，使双方闭塞复原。

（3）事故按钮。发生事故站点压此按钮，可办理事故复原。

（4）与自动闭塞有关的按钮（接车辅助按钮、发车辅助按钮和总辅助按钮）。当自动闭塞方向电路故障而不能自动改变运行方向时，只能采用"辅助办理"方式来改变运行方向。此时，两站值班员需共同确认区间空闲，双方都未办理至该区间的进路。若本站为要发车的车站，须先点压总辅助按钮及口令，再点压发车辅助按钮（10 s 之内要重复点压），同时，接车站也要先点压总辅助按钮及口令，再点压接车辅助按钮（10 s 之内要重复点压），总辅助灯从闪光变成稳定灯光，直至方向电路恢复。总辅助按钮属非自复式按钮，使用后应清除。可用点压"清按钮按钮"加"总辅助按钮"的办法解决。

4. 其他按钮

（1）非进路按钮和取消按钮（设有非进路调车的站场才设有此类按钮）。点压非进路按钮并确认，可建立相应股道上的非进路调车。点压取消按钮并确认，可取消相应股道上的非进路调车（延 30 s）。屏幕上为非进路调车而设的"非进路"标志有如下显示：白色稳定灯光表示非进路正常建立成功；白色闪光表示非进路正在建立过程中或已建立的非进路条件不满足；红色闪光表示非进路正在取消过程中。

（2）机占按钮。点压机占按钮和股道内的调车信号按钮，屏幕上该信号名显示，同时名称外套上红色方框，表示该信号对应股道的该信号一侧有机车占用股道，再次办理机占时，该信号名和外框消失，表示机占清除。有机占时，不允许向该股道排列进路。

7.2.3　进路的办理与操作

进路的办理方法如下：

点压始端—终端—开通基本进路。

点压始端—变更（或多个变更）—终端—开通变更进路。

1. 列车进路

先点压始端信号按钮。例如点压 X 信号，相应的 X 信号名称绿色闪光，并在屏幕下端提示："始端 – X"。再点压终端信号按钮，例如点压 S1 信号，相应的 S1 信号名称绿闪，屏幕下端提示变为："始端 – X – 终端 – S1"。若满足选路条件，则开始动岔、锁闭进路、开放信号。若选路条件不满足，则在以上提示后面加"按钮不符"或"选路不通"或"有区段锁闭"或"有区段占用"或"有道岔要点"等，并给出道岔或区段名称。

正线通过进路需先点压进站信号机列车按钮，再点压出发咽喉的列车终端按钮。

2. 调车进路

调车进路同样点压始端、（变更）、终端按钮办理。

反向单置信号可作调车变更，并置或差置信号可作同向进路变更。变更按钮不受此限。调车进路的办理方法和显示与列车进路相同。

3. 对原铅封按钮的相应办理

为办理慎重起见，相对于原铅封按钮点压后，屏幕将提示输入口令，点压口令后操作才被执行，微机系统自动记录，并且在屏幕提示栏有记录显示。

以总人解 X 进路为例：先点压"总人解"，再点压 X 按钮，此时屏幕下方提示"总人解—X—请输入口令—1、2、3、4、5、6"，据此依次点压数字 1、2、3、4、5、6，正确后屏幕下方提示"OK"，此时操作被执行。

4. 变更误办进路

误办的进路需要变更时，在进路未锁闭前可点压本咽喉的"总人解"或"总取消"按钮取消，然后还需点压清按钮按钮；锁闭后的进路需点压"总取消"或"总人解"按钮和"始端"按钮取消进路；当接近区段有车占用时，必须点压"总人解"按钮和进路始端按钮，延时 30 s 或 3 min 后解锁。

5. 进路的故障解锁

由于计算机联锁取消了继电联锁的区段事故解锁盘，而采用始、终端进路故障解锁。共有以下几种故障解锁情况：

（1）尚未使用的进路中某区段故障，出现红光带，此时信号关闭，进路处于锁闭状态，如接近区段无车，点压"总人解"和"始端"按钮及口令，进路自始端至故障区段解锁，若接近区段有车，进路延时 30 s 或 3 min 解锁。故障区段至终端之间的进路，需点压"总人解"和"终端"按钮及口令，延时 30 s 解锁。若故障区段为进路的第一区段，接近区段又有车，则进路无法解锁，应等待设备恢复。

（2）某进路列车已驶入，但由于进路中的某区段故障，在列车驶离后，仍保留红光带，致使此区段到终端的部分进路无法解锁。第一种情况是故障区段为进路的第一区段，则需点压

"总人解"和"始端"按钮及口令，将进路的始端取消，再点压"总人解"和"终端"按钮及口令，将进路解锁，进路始端取消后（始端标志消失），也可采用区段故障解锁逐段解锁故障进路。

第二种情况是故障区段非第一区段，在列车正常驶过第一区段后，第一区段自动解锁，原进路的始端已不存在，待列车驶出该进路后，点压"总人解"和"终端"按钮及口令，故障区段至终端的进路解锁，也可采用区段故障解锁逐段解锁故障进路。

为保证自进路终端的故障解锁不会导致列车进路的迎面解锁，因此，必须要求故障区段（红光带）至终端的各区段均被车列占用过又出清后，点压"总人解"和"终端"按钮才能生效。

6. 进路中某区段轨道电路分路不良

进路中某区段轨道电路分路不良，在列车通过后进路不能正常解锁。若进路始端尚存在时，点压"总人解"和"始端"按钮可将整条进路解锁；若第一区段已正常解锁，进路始端消失，或始端信号已作别的进路的始端或始端至未解锁区段间道岔已改变位置，则可用"总人解"和"终端"按钮将进路解锁或采用区段故障解锁逐段解锁故障进路。如果用终端也不能解或找不到终端时，就要用区段故障解锁的办法来解，即点压区段故障解锁按钮和故障区段中的任一道岔按钮将该区段解锁。

7. 股道绿光带

车列出清道岔区段和股道时先显示绿光带，待进路经 3 s 解锁后恢复灰光带。

进路排通后，因某种原因使轨道继电器瞬间落下，此时信号关闭，该区段屏幕显示由白光带转为绿光带，进路仍处在锁闭状态，点压进路信号始端按钮，信号重复开放，绿光带保持不变。

8. 单独操纵和单独锁闭道岔

道岔区段在解锁状态时，允许办理单独操纵道岔。同时点压"总定位"（总反位）按钮和"道岔"按钮，屏幕提示处显示"道岔总定（总反）……C×××"。在道岔转换过程中，屏幕道岔岔尖处闪白光，同时道岔号显示黄色。

点压"单独锁闭"按钮和"道岔"按钮，屏幕提示处显示"单独锁闭……C×××"，同时显示红色道岔号。单锁后，不能再单独操纵道岔，但还可通过该道岔排列进路。点压"单独解锁"和"道岔"按钮，该道岔解锁。

9. 封闭信号和封闭道岔

先按封闭按钮，再按压信号按钮或道岔按钮，这时信号机外套上白色方框，道岔名显示白色，表明信号机按钮已不能再进行操作，也不能再通过该道岔排进路。

10. 封闭取消

清封闭按钮，按压信号按钮或道岔按钮，这时信号机外的白色方框消失，白色道岔名消失，表明该信号或道岔的封闭取消。

7.2.4　溜放作业

1. 进路储存

控制台设有储存按钮。设有两套储存按钮的控制台可同时对两条牵出线进行储存溜放作业。

（1）存储容量。储存的容量为 50 钩。在非溜放状态下，可用储存总清按钮清除。

（2）储存窗口。按压储存按钮进入储存状态，屏幕上储存窗口显示"储存"的提示，表示该储存窗口在储存状态。此时按压计划单上相应股道的调车按钮，屏幕上显示白色的钩序号和股道号，每按压一次股道调车按钮，存入一钩进路命令。

溜放作业时，钩序号和股道号有四种显示颜色，意义如下：

白色——表示储存的钩序号和股道号；

黄色——表示储存的命令已发送给联锁机，其中包括已分钩但未进入股道的钩车和即将分钩的两钩计划；

绿色——表示该钩车按计划进入正确的股道；

红色——表示该钩车未按计划进入股道，即错钩，此时在计划股道号后显示实际进入的股道号；

储存的计划仅在白色时可以修改。

（3）储存。点压储存按钮进入储存状态，在储存状态下可以办理储存、修改、增钩、减钩等作业。点压设于股道上的调车按钮（储存按钮），储存一钩命令。再次点压"储存"按钮该窗口处于储存暂停状态。设有两套储存按钮的控制台可生成两个储存窗口，但同时只允许有一个窗口办理储存，且在储存状态时，不允许办理调车进路，若想办理进路，须将储存置于"暂停储存"状态。

（4）储存总清。当该窗口在非溜放状态时按压储存总清按钮，可一次清除储存的进路命令及屏幕储存窗口。

（5）修改。在储存状态下按压修改按钮进入修改状态，按压股道上的进路按钮可修改光标所指一钩的储存命令，移动光标可连续修改。再次按压该按钮，退出修改状态。

（6）增钩。在储存状态下按压增钩按钮进入增钩状态，此时按压股道上的调车按钮，在光标所指处增加一钩储存命令，可多次增钩；再次按压增钩按钮，退出增钩状态。

（7）减钩。在储存状态下按压减钩按钮可取消在光标所指处一钩的储存命令，并可多次减钩。

（8）进检、退检。按压进检（或退检）按钮，可向下（或向上）移动屏幕上储存窗口的光标。

2. 溜放

（1）建立溜放的条件。

1）单钩溜放。单钩溜放是按进路锁闭进行溜放的，前钩车越过分歧道岔的警冲标后，才能准备下钩车的进路。单钩溜放允许车列停在任何架信号机前办理初次溜放进路。办理溜放后，机车至牵出线间实行退路锁闭。

2）连续溜放。

建立连续溜放时，溜放区域内的所有道岔均应有表示。

建立连续溜放时，相应溜放区域内应有且仅有一台机车，而且可停在任何地点，机车所在区段应以调车进路的形式锁闭，且不可有多条平行进路。办理连续溜放后，机车至牵出线间实行退路锁闭，机车所在区段及其前后的调车进路均自动解锁，溜放区的所有防护道岔自动转到规定位置。

建立连续溜放时，相应溜放区内的所有股道不应有机车占用，所有道岔不应封闭要点。否则，屏幕上将给出提示，如"连溜区有机占"或"有道岔要点"，溜放不能建立。

（2）建立溜放。按压相应方式的溜放按钮和相应牵出线的溜放按钮，相应牵出线上"溜放"字符黄色闪光，在溜放建立后"溜放"字符由黄色闪光变为稳定白色，此时退路锁闭，退路信号闪光。可进行连续溜放的股道亦可进行单钩溜放，此时可选择储存溜放和单办溜放两种方式。

1）单钩溜放。

①单办溜放。点压单办溜放按钮和牵出线溜放按钮，可办理单办溜放作业。牵出线上"溜放"字符显示白色时，点压进路始端按钮和终端按钮（终端按钮必须是股道上的调车按钮），此时进路上的道岔转换到规定位置，溜放进路锁闭，溜放进路上的调车信号机闪白光，退路锁闭，退路上的背向信号机闪白光。

②储存溜放。点压单钩溜放按钮和牵出线上的溜放按钮，牵出线上"溜放"字符出现，在溜放建立后"溜放"字符变为稳定白色，此时退路锁闭，退路信号闪白光。

溜放建立后，如有储存钩计划，进路排通，机车前方直至进路终端的调车信号机显示白色闪光，溜放进路一锁到底。车组分钩后，随着钩车下溜，进路逐段解锁，待车组溜过与后一钩车分路的道岔，并越过警冲标后，后一钩车的进路方可排通。单钩溜放分钩后，机车车列前方信号关闭，下一钩进路排通后，信号再次开放，才可推溜。

在溜放作业过程中，当牵出线处的白色字符"溜放"闪动时，表明溜放状态已被破坏，应取消溜放，在取消溜放后，尚未进入股道的下溜钩车的进路仍在锁闭状态。

2）连续溜放。先点压连续溜放按钮，再点压相应牵出线的溜放按钮，可建立连续溜放，办理储存溜放作业，下溜车组执行存储的溜放进路命令。

①溜放建立后，如有储存计划，在钩计划执行后进路上的信号闪光，分路道岔的道岔表示器也点亮紫色或黄色指示灯，可以开始溜放。

②钩车分钩后，随着各个钩车的走行，各个钩车的命令将自动执行，钩车分钩的距离不应小于 23 m。

③机车每压入股道一次，即机车至股道送车（或取车），当车列退出股道后，按溜放一钩处理。

④走行钩车错钩时，在错钩道岔处交替闪动红色和蓝色。

⑤在溜放作业过程中，可用分路道岔转换按钮转动道岔，即抢扳分路道岔，用以临时变更计划。只有在连溜时，连溜区内的道岔才可用该按钮人工抢扳。点压该按钮后，再点压"道岔"按钮，道岔向相反方向转换。若操纵后 2 s 该道岔仍未转到位，则应再次操纵使该道岔转回原位。

⑥在溜放作业过程中，本溜放区不允许调车作业。

⑦在溜放作业过程中，当牵出线处的白色字符"溜放"闪动时，表明溜放状态已被破坏，应立即取消溜放，即先点压取消溜放按钮，再点压相应牵出线的溜放按钮，这样便取消了该牵出线的溜放作业。取消溜放后，如有钩车未能进入股道而停留在某道岔区段，其上一级分路道岔又因后续钩车而处于与进入该压标车方向相反的位置，此时必须重新建立溜放，将相应道岔置于进入压标车股道的位置，用机车将该车推入股道。因为在调车作业方式时，上一级分路道岔因调车大区段被占用而不能办理调车进路和单独操纵道岔。

⑧侧冲锁闭是指钩车以低于 5 km/h 的速度过岔；后顾锁是指钩车以 5～8 km/h 速度过岔。侧冲锁闭时，钩车越过警冲标后自动解锁；后顾锁后，3 s 自动解锁。

⑨钩车以小于 5 km/h 速度过岔，联锁设备有侧冲防护，但对于过岔速度高于 5 km/h 而

没有越过警冲标突停的钩车，计算机无法识别，有可能会造成后钩车侧冲。当出现上述情况时，值班员应采用"分路道岔转换"按钮将后续钩车手动控制到安全区。为避免造成侧冲，本设备连溜作业禁止股道超长溜车，如股道能存 15 辆车，而作业要溜进去 20 辆，这样势必造成压标突停的车组，后续钩车有可能造成侧冲。

⑩暂停溜放：当要变更钩序或因其他原因需暂停溜放时，可点压暂停溜放按钮，此时溜放标志字变为黄色，钩车命令已下达的将继续执行，未下达的停止执行。再次溜放时，可点压"单钩溜放"（或"连续溜放"）按钮和"牵出线溜放"按钮，继续开始溜放。

7.2.5 闭塞办理

闭塞办理方式与现有 6502 设备技术条件相同，所不同的是，闭塞及复原按钮需点压"确认"后才能执行。

屏幕上相应闭塞状态由红、绿、黄三色箭头分别表示。

对单线，接、发车口是一个，接、发车表示灯都有红、绿、黄三种显示。平时都灭灯。

甲站发车灯亮黄灯、乙站接车灯亮黄灯，表示甲站请求向乙站发车。甲站发车灯亮绿灯、乙站接车灯亮绿灯，表示乙站同意甲站发车。甲站发车灯和乙站接车灯都亮红灯，表示车已出发，两站区间闭塞。列车到达乙站，乙站接、发车表示灯均亮红灯。办理复原手续后，两站灭灯。

对复线，分接、发车口，发车口有绿、黄、红三个灯。发车时排列发车进路后，绿灯亮，表示区间开通；当出发列车压上出站口的轨道区段后，绿灯灭，红灯亮，列车到达临站，发车口红灯灭，黄灯亮。

接车口有红、黄两个灯，临站出发列车压上出站口的轨道区段后，接车红灯亮，列车到达本站后，接车红灯灭，黄灯亮。按压复原按钮后，灯全灭。

由于设备故障等原因不能正常复原时，经双方值班员确认区间无车的情况下，可由一方按下事故复原按钮使设备复原。但事故复原按钮需点压口令后才能执行。

7.2.6 进路引导接车

当某轨道区段故障影响正常接车时，可用进路引导接车。办理方法是：首先车务人员必须确认要开通的进路上无车，将道岔单操到需要的位置后点压该进路信号的"引导"按钮，如下行接车，点压"X 引导"按钮，屏幕提示"进路引导接车——X，请按口令 1、2、3、4、5、6"，值班员依次点压"1、2、3、4、5、6"，屏幕上显示"OK"，进路锁闭，引导信号开放。

和继电设备所不同的是，当进站信号内方第一区段故障时，信号开放 10 s 就会关闭，为保证引导信号开放，需要每隔 8～9 s 点压一次"X 引导"按钮，点压完后屏幕提示窗有倒计时提示，直到列车进入进站信号机内方。在引导信号开放时，第一区段有车占用，按压"引导"按钮，不需输入口令。另外在这种情况下也可以直接按压该信号的列车按钮。

引导信号开放后，可用"总人解"的办法关闭该引导信号，引导进路可自动解锁。

7.2.7 引导总锁闭

在数字化仪上，每咽喉设一个引导总锁闭按钮。当道岔因电气故障失去表示时，可用引导总锁闭接车，但车务人员必须确认道岔位置走向正确，进路上无机车车列占用，才可用引导总锁闭接车。

　　办理的方法是：先点压该咽喉的"引导总锁"按钮，如点压下行咽喉的"引导总锁"按钮，屏幕提示："下行引导总锁，请按口令 1、2、3、4、5、6"，然后依次点压数字按钮"1、2、3、4、5、6"，屏幕提示"OK"，同时有红色闪光的"引导总锁"汉字提示，接着再点压进站信号的"引导"按钮，办理方法同第 7 节所述，引导信号开放。

　　取消引导总锁的办理方法是：先点压"总人解"按钮，再点压"引导总锁"按钮，并输入口令"1、2、3、4、5、6"即可。

7.2.8　应急台和引导总锁闭按钮盘

1. 应急台

　　当双套联锁设备发生故障时，可以启用应急台来操纵道岔，应急台不具备联锁功能，只是一个代替室外手摇道岔的设备。道岔位置是否开通所需股道，必须人工室外确认。

　　应急台对信号的操作只限于引导总锁闭下的引导接车，不能开放列、调车信号。

　　使用时，由车务人员用钥匙打开应急台，将两个双掷闸刀 K_0 和 K_1 一齐向上推到上面位置（即应急台一侧），给应急台提供控制电源，同时切断计算机联锁设备对室外设备的控制电源。盘面上电源指示灯点亮。

　　应急台上，每组道岔（双动作为一组对待）有一个控制按钮，在道岔的定反侧各有一个表示灯，反映道岔位置，绿灯为定位，黄灯为反位。盘面上部有两个按钮"道岔总定位"、"道岔总反位"。操纵道岔时，可同时按压"道岔总定位"和"道岔"按钮，进行定操；可同时按压"道岔总反位"和道岔按钮，进行反操。

　　使用引导总锁闭开放引导信号。道岔操纵到位后，需要引导接车，这时使用应急台按钮专用钥匙，接通该咽喉的"引导总锁"按钮，按压引导总锁按钮，再用钥匙接通接车口的引导按钮，按压它，则开放引导信号。作业完毕后，将"引导总锁"按钮弹出。需要说明的是应急台上办理引导接车与数字化仪上用引导总锁闭办理引导接车是相同的，所不同的是前者用按钮后者用光笔。

　　当计算机联锁设备修复后，电务人员必须在征得车站人员同意后，首先将联锁机硬复位（用关电后再开电方法复位），以消除联锁和在修复试验时储存的控制命令。然后将应急台两个双掷闸刀推到下面位置，以切断应急台电源，并接通计算机联锁控制电源。

　　1998 年 10 月份起，应急台内的两把闸刀改为一把闸刀。保留 K_0（24 V 供电）；用一个 JWJX-480 继电器替代 K_1（220 V 供电）闸刀，并用 K_0 向上合闸控制其继电器励磁吸起。

　　这样做的好处是：防止两把闸刀动作不一致（如 K_0 向上合闸，K_1 向下合闸）时，加上应急台误操作带来道岔乱动作直接危及行车安全的事故发生。改用一把闸刀控制后，此类事故即可避免。

2. 引导总锁闭按钮盘

　　引导总锁闭按钮盘和应急台的作业方法相似，但只能办理引导，只有一个闸刀开关，平时在上，需要办理引导时推到下面，需注意的是，此时并不切断计算机联锁控制电源。

7.2.9　站间联系

　　若本场与邻站方面设有站间联系，当站间作业时，在相应出口处，显示具有特殊含义的箭头，平时显示黄色。当办理发车时箭头指向场外，邻站信号开放时为绿色，离去后为红色；接车时为指向本场的箭头，邻站办理发车后为绿色，列车接近为红色，同时有语音提示。

7.2.10　场间联系

若本场与邻接车场之间设有场间联系，当照查条件不满足时，屏幕上显示指向本场的箭头，调车照查为白色，列车照查为绿色，场间联络线占用为红色。当照查条件满足时，显示消失，这时可办理开放去对方场的信号。当对方场的把门信号开放时，本场在出口处显示复示信号。

7.2.11　与机务段联系

当往机务段调车时，须由对方同意后才可办理，当对方同意时，显示白色的实心圆。

7.2.12　与编发线联系

在有编发线的车场，编发线尾部出发信号与驼峰头部设有联锁关系，当出发信号要开放时，必须得到驼峰头部同意后，屏幕上显示一个绿色实心圆，尾部出发信号才能开放。

7.2.13　与驼峰场双重控制信号机联系

若车场中有若干架调车信号机为集中场与驼峰场双重控制信号机，则集中场在点压"允许驼峰控制"按钮后即交由驼峰控制，此时进路上的道岔自动转到规定位置，屏幕上的信号根据驼峰控制要求显示。在驼峰控制信号关闭，交权控制解锁后，点压"取消控制"按钮，方可取消驼峰控制。

7.2.14　到达场与驼峰头部的联系

只有当驼峰信号楼按下"允许推送"或"允许预推"按钮后，到达场屏幕上给出绿色实心圆，到达场才能排通推送进路。

到达场上每一股道的驼峰信号复示器，可兼做出站信号或进路信号机，当用作驼峰信号复示器时，除办理预推作业外，均应完全复示驼峰信号机的显示，预推时，驼峰信号机显示红色，复示器显示黄色。

到达场排好推送进路，驼峰信号复示器开放以后，此时若要关闭驼峰信号，可以点压"切断推送按钮"，再点压复示器按钮，但不能取消进路。若要恢复信号，可点压"取消按钮"。当驼峰楼向与到达场联络的无岔区段调车时，屏幕上显示指向到达场的白色箭头。

7.2.15　坡道延续进路的办理方法

若某方向进站处有大于 0.6% 的下坡道，那么在办理该方向的接车进路时，须办理延续进路，例如，办理上行 1G 接车时，可依次按压以下按钮：SLA - X1LA - APZA（APZA 为专设的坡道终端按钮）。办理时，先办接车进路：SLA - X1LA，进路选通，屏幕提示窗显示：请按延续终端，并提示出延续始端："始端 SLA - "。按下延续终端后延续进路锁闭，进站信号开放。

7.2.16　局部控制道岔

把集中控制的道岔改由现场操纵，叫做局部控制道岔。在数字化仪控制台或显示屏上（用鼠标控制时）设有局部控制按钮 JA，取消局部控制按钮 QJA 和局控表示灯。现场局部控制道岔附近设有局控盘，上有接受局部控制按钮 JSA，局控道岔定位按钮 DK 和反位按钮 FK，道岔定，反位表示灯，电笛，照明灯和送受话器等。

要下放局控权时，应由值班员确认有关道岔区段空闲，按下 JA，这时白灯闪光，电笛鸣响。现场调车员按下 JSA，有关道岔开通牵出线，局控道岔转到定位，且锁闭。有关信号开放。控制台亮白灯。至此，局控道岔改成由现场操纵。

信号楼要收回控制权时，必须经现场调车员同意，在确认车已出清有关道岔区段，将局控道岔扳至定位，然后再拉出 JSA，控制台白灯变闪光。值班员点压 JQA，有关道岔和敌对进路解锁，局控表示灯熄灭，道岔恢复集中操纵。

7.2.17　非进路调车

非进路调车是为方便车列的解体和编组，利用集中联锁区的牵出线及部分线路作为推送线，允许直接由现场调车员用手信号指挥往返调车，这时，进路上的道岔被锁在规定位置，进路上正反向调车信号机全部开放。

控制台或显示屏上有建立非进路按钮 FA 和相应的汉字表示灯。办理非进路调车作业时，先确认推送线上各道岔区段空闲，再点压按钮 FA，这时非进路标志闪黄灯，有关道岔自动转到规定位置并锁闭，有关正反向调车信号机全部开放，点亮非进路白灯。

取消非进路调车时，先检查车列已出清有关道岔区段，点压取消非进路按钮，道岔解锁前闪红光，解锁后灭灯。

7.2.18　出发场与驼峰尾部的联系

当峰尾楼按下请求溜放按钮后，在出发场屏幕上给出相应的汉字提示，出发场办理相应进路的非进路调车，非进路办理后在峰尾楼的屏幕上亦有相应的显示，此时峰尾楼方可办理溜放作业。在溜放作业过程中，出发场不允许办理取消非进路。

第 **8** 章

轨道运输调度集中控制系统(**CTC**)

8.1　系统原理及功能

8.1.1　概念

轨道运输调度集中控制系统(CTC)是综合了通信、信号、运输组织、现代控制、计算机、网络等多学科技术,实现调度中心(调度员)对某一区段内的信号设备进行集中控制,对列车运行直接指挥和管理的技术装备。

8.1.2　CTC 系统构成及原理

CT 系统由控制中心、车站系统、通信网络(中心)、通信网络(车站)四部分构成,如图 8-1 所示。

1.控制中心

控制中心主要由数据库服务器,CTC 服务器(双机热备),通信前置服务器,大屏显示系统,行调工作站,助理调度员工作站,综合维修工作站,CTC 维护工作站,网管工作站、打印设备,远程维护接入 TMIS 接口计算机,以及局域网等设备组成,如图 8-2 所示。

CTC 服务器一般是由 2 台高性能服务器构成,2 台服务器互为热备,为系统的稳定运行提供保障。CTC 服务器是整个分散自律调度集中系统的核心,负责整个系统的数据收发、数据处理以及数据储存等工作。

通信前置服务器一般是由 2 台高性能 PC 服务器构成,2 台服务器互为热备。用于调度中心和车站子系统之间的数据交换。

行调工作站一般是由 2 台安装了多屏卡的工作站构成。主要完成显现监控管辖区段范围内列车运行位置、指挥列车运行的功能(人工编制和调整列车运行计划、调度命令的下达、与相邻区段行调台交换信息),为 CTC 系统提供详细的列车会让方案,是分散自律调度集中系统完成自动控制功能的主要依据。

助理调度员工作站一般是由高性能 PC 工作站构成,主要实现调度中心人工进路操作控制、闭塞办理、区段解锁、非常处理等功能。同时还可实现无人车站调车作业计划的编制、调整、指挥以及在自律约束条件下的调车进路人工办理等调车相关功能。

CTC 维护台一般是由高性能 PC 工作站构成,主要用于系统设置、调试和技术支持。在

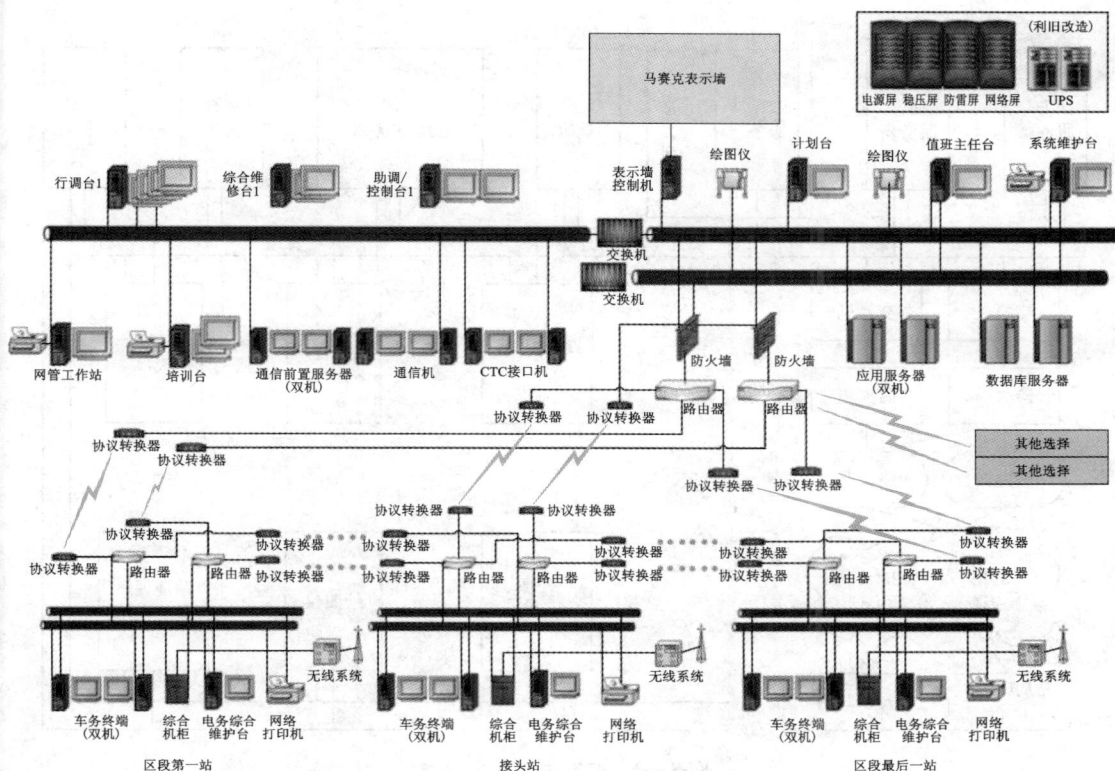

图 8 - 1　CTC 系统构成

授权的情况下，具有远程维护与技术支持功能。同时具有监视系统运行状况的功能，对系统、现场设备运用情况，操作命令，报警信息进行记录、分析、回放、输出和打印。

综合维修工作站是由高性能 PC 工作站构成，主要用于设备日常维护、"天窗"修理、施工以及故障处理方面的登、销记手续办理，并具有设置临时限速，区间、股道封锁等功能。

大屏显示系统是由高性能工业控制计算机、多串口卡、驱动卡、驱动分机构成，用于显示车站站场作业情况和区间列车运行情况等信息。通过观察大屏，行车调度指挥人员可以清晰地掌握各自负责的调度区段内列车或车列的运行情况。

TMIS 接口计算机由 PC 工作站构成，通过 USB 接口与机房中的 TMIS 终端交换数据。网络设备主要包括 2 台高性能路由器、2 台高性能交换机、网络协议转换器和网络防火墙。

电源设备主要包括可以转换 2 路电源的电源屏和 2 台构成双机热备的 10 kVA 不间断电源。

2. 车站系统

车站系统主要设备包括车站自律机、车务终端、打印机、综合维修终端、电务维护终端、网络设备、电源设备、防雷设备、联锁系统接口设备和无线系统接口设备等，如图 8 - 3 所示。

车务终端采用 2 台双机热备的低功耗工业控制计算机，主要完成运统报表的生成、站间透明的显示、车站调车作业计划的编制、调车进路的办理及其他控制操作。

综合维修终端和电务维护终端(微机监测)采用低功耗工业控制机。

图 8 – 2　控制中心主要设备

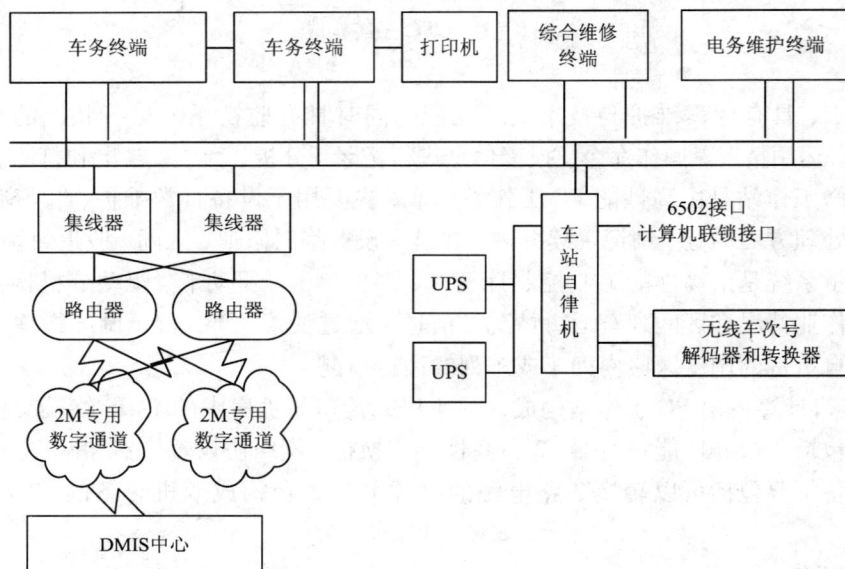

图 8 – 3　车站系统主要设备

网络设备一般包括 2 台路由器、2 台集线器、2 台网络协议(如 G703/V.35 等)转换器。

电源设备一般包括 2 台在线式不间断电源,为车务终端和车站自律机供电。

车站自律机一般由具有高可靠性能的专用计算机和采控设备组成,并通过串口和无线车次号解码器、无线调度命令转接器进行连接。车站自律机主要完成列车自动进路控制以及按照列车控制执行计划、《车站行车工作细则》、《行车组织规则》及《铁路技术管理规程》对列车进路和调车进路进行可靠分离控制。

车站电源系统一般由电源防雷、UPS 不间断电源、各电源模块及汇流排组成。

车站自律分机系统一般要求为双机热备制式，A 机和 B 机互为热备，各自有 1 套独立的主机、驱动及采集系统，双套系统对现场的信息处理互不干扰，并且自动切换。A、B 分机通过采集系统及网络连接设备进行联络，以确定对方的工作状态。当只有 1 套机笼工作时，该机笼会自动处于主机工作状态。

3. 通信网络(中心)

为了保证网络工作的可靠性，通信网络(中心)通常采用双以太网的冗余结构，当网络出现单点故障时不影响设备的正常运行。中心局域网的网络体系结构通常采用交叉连接的星形结构，具有很高的可靠性，当网络出现单点故障时，不影响系统的正常运行。

4. 通信网络(车站)

通信网络(车站)分散自律调度集中系统控制中心的 2 台交换机通过网络防火墙，分别连接到 2 台路由器上，再接到车站的广域网。每 2 个车站之间都有 2 条通道连通，每个车站都有 2 台路由器，再组成 2 套由几个环构成的网络，中间没有任何的物理接口，可以说它们是 2 个完全独立的网络。车站设备与调度所设备通过广域网进行数据交换时，根据 2 个广域网的通信质量选择路径，保持广域网中的传输负载平衡。

8.1.3　CTC 系统的基本功能

1. 控制模式

CTC 的控制模式分为：分散自律控制模式和非常站控模式。

(1)分散自律控制模式。

分散自律控制模式是用列车运行调整计划自动控制列车运行进路，同时在分散自律条件下调度中心具备人工办理列车、调车进路，车站具备人工办理调车进路的功能。

分散自律控制模式分为三种操作方式：

中心操作方式：调度员对列车及调车进路均有操作权，车站对列车及调车进路均无操作权。

车站调车操作方式：调度员对列车进路有操作权，对调车进路无操作权。而车站对调车进路有操作权，对列车进路无操作权。

车站操作方式：车站对列车及调车进路均有操作权，调度员对列车及调车进路均无操作权。

(2)非常站控模式。

非常站控模式是指当调度集中设备故障、发生危及行车安全的情况或设备天窗维修、施工需要时，脱离系统控制转为车站传统人工控制的模式。

2. 分散自律控制模式与非常站控模式的转换

控制模式的转换由车站值班员(或应急值班员)在车站进行控制操作。系统对控制模式转换操作应有明确记录。非常站控按钮(或开关)采用带计数器的非自复式铅封按钮或开关。正常状态为分散自律控制模式，破封按下(或转换)为非常站控模式。

注意事项：

系统在模式转换时不应影响已办理的列车进路和调车进路并防止形成预排进路；分散自律控制模式转向非常站控模式不检查任何条件，但应向调度员进行提示报警。

3. 系统功能

(1)具备列车运行计划人工、自动调整，实际运行图自动描绘，行车日志自动生成、储存、打印，调度命令传送，车次号校核等功能。

(2)具备向车站、机务段调度、乘务室等部门发布调度命令，以及经调度命令无线传送系统向司机下达调度命令(含许可证、调车作业通知单等)的功能。

(3)系统依据列车运行调整计划，《技规》、《行规》、《站细》等规定以及相关联锁技术条件对列车、调车作业进行分散自律安全控制含分散自律控制模式下的中心、车站人工直接操作。对违反分散自律安全条件的人工操作，系统能进行安全提示。

(4)系统对于影响正常运用的故障，如信号故障关闭，或灭灯及灯丝断丝时应具有报警、提示、记录等功能。

(5)与调度命令无线传送系统配合具有接车进路信息自动预告功能。

(6)进行调车作业时不需要控制权转换。

(7)不影响既有的平面调车区集中联锁功能。

(8)具有部分非正常条件下接发列车功能以及降级处理措施。

(9)具有本站及相邻车站的列车运行调整计划显示功能。

(10)具有本站及相邻车站的站间透明功能。

(11)具有人工办理试排进路功能，为进路指令的执行做好准备。

(12)具有自我诊断、运行日志保存、查询和打印等功能，并逐步实现系统维护智能化。

(13)对所有的人工操作具有完整的记录、查询、回放和打印功能。

(14)实时监控电源状态，停电时应自动保存列车、调车作业等重要信息。

(15)在保证网络安全的条件下可与其他相关系统联网，实现数据资源共享。

8.2 CTC系统界面认知及基本操作实验

8.2.1 实验目的

熟知 CTC 系统基本界面，掌握 CTC 系统基本操作。

8.2.2 实验操作说明

本实验指导书是结合轨道运输实训模拟仿真教学系统编写而成，该系统功能及操作基本类似一线使用的 Casco 公司系列产品，除此之外还具备一些教学考核、模拟事故等工作环境的功能。

1. 用户界面介绍

(1)站场控制界面(见图 8-4、图 8-5)。

这一界面主要用来接发列车进路操作，控制操作站场设备，并可以切换到多站画面，显示站间透明信息，查看上下行两个站及区间的行车状况、股道占用、车次跟踪等信息。

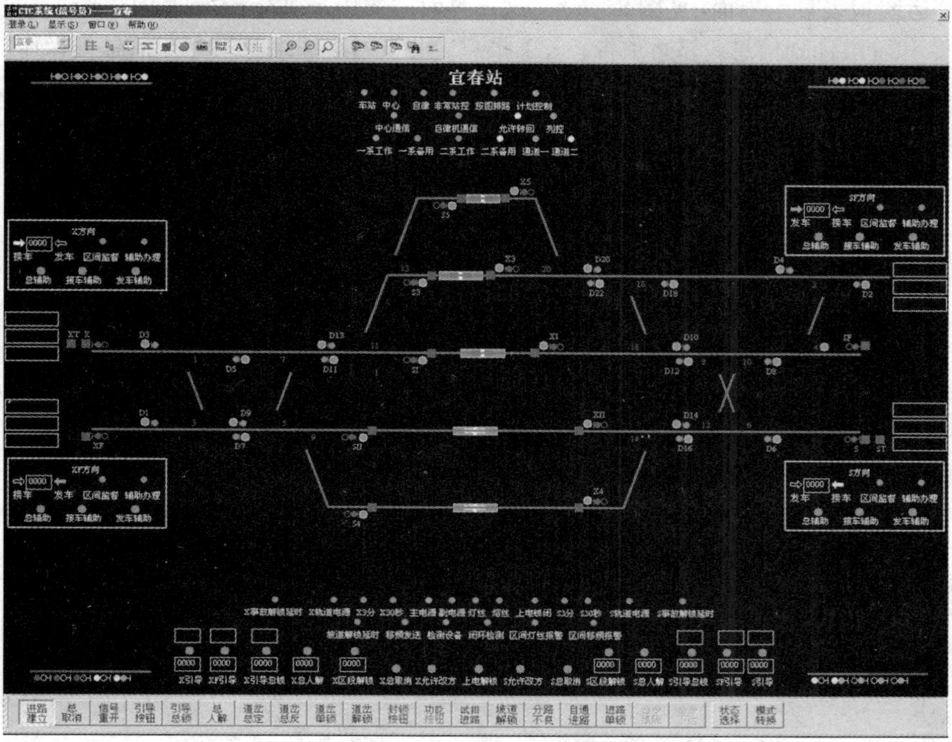

图 8-4 站场控制界面

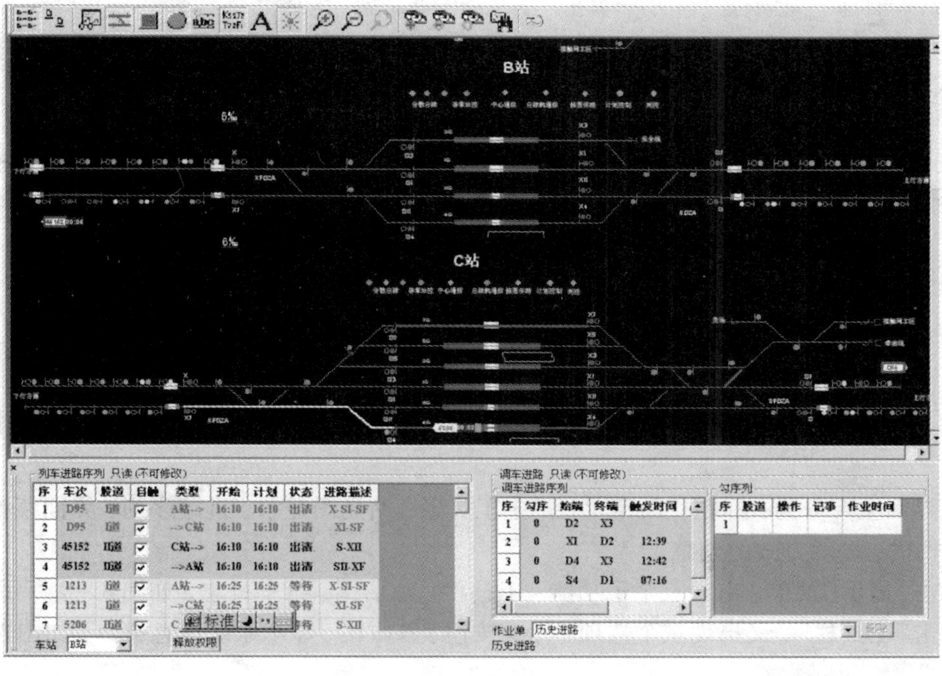

图 8-5 双站场控制界面

（2）运统报表显示界面（见图8-6）。这一界面主要用来进行行车日志的自动填报，接收调度命令和阶段计划信息，邻站预告，人工报点，上报列车编组及站存车信息等操作。

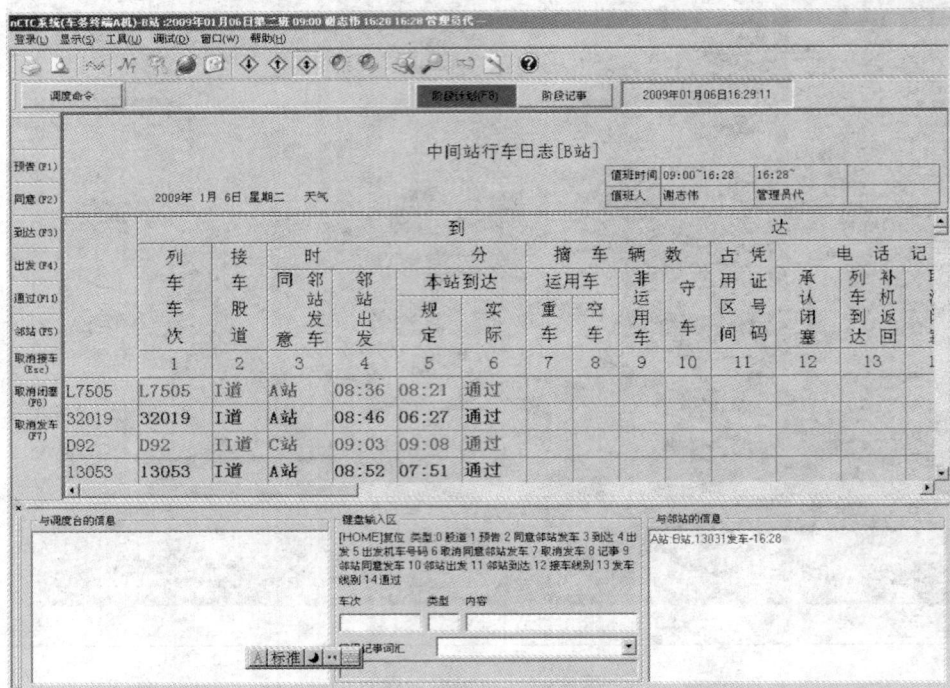

图8-6　运统报表显示界面

2. 界面间切换（见图8-7）

通过点击这两个按钮，可以在多站界面与单站界面之间切换

通过点击工具条的这个按钮，可以在站场图界面与运统报表界面之间切换

图8-7　界面切换示意图

3. 操作方式介绍

（1）站场界面的操作。多站监视界面组成及调整。车务终端多站监视界面如图8-8所示。

此界面主要分为：标题栏与菜单栏、主工具条、站场图显示、进路序列、界面菜单、工具条、签收栏、显示方式的调整。

点击"显示"菜单，出现三个子功能：工具栏、站场图、行车日志，如图8-9所示。

点击"工具栏"，又出现三个选项：标准按钮、签收栏、显示系统信息窗口，如图8-10所示。

"标准按钮"功能表示是否显示主工具条，也就是图8-11显示的工具条。

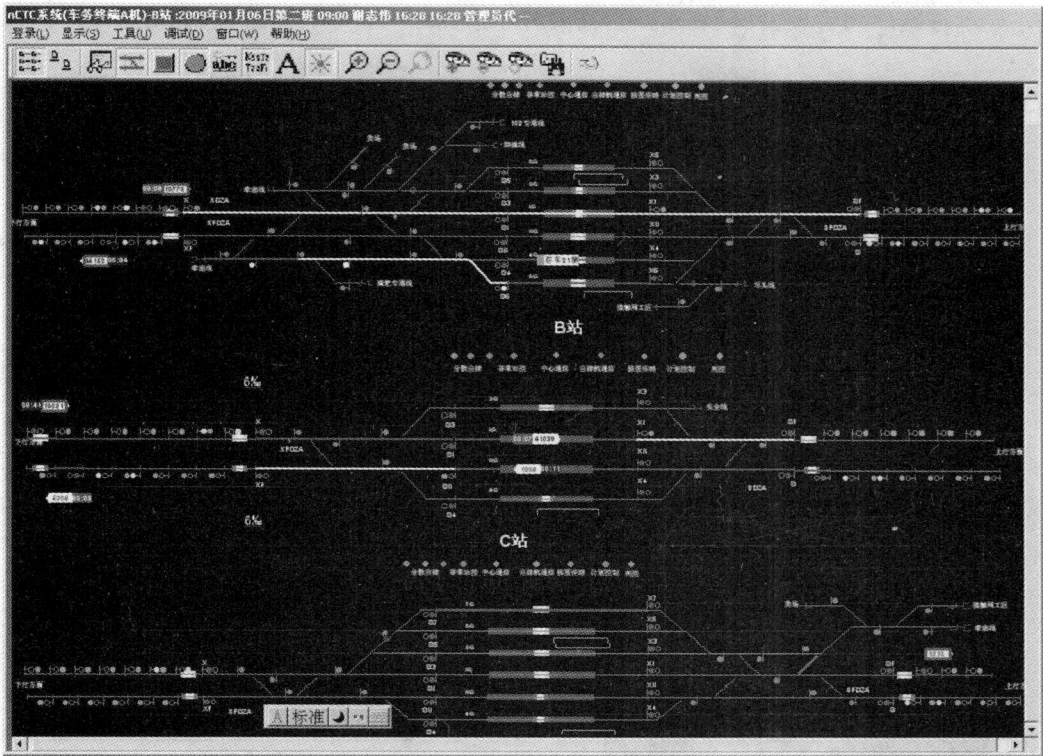

图 8 - 8　车务终端多站监视界面

图 8 - 9　菜单界面

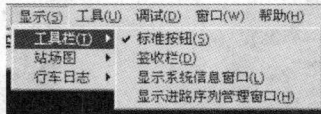

图 8 - 10　显示菜单界面

图 8 - 11　标准按钮界面

"签收栏"表示是否显示调度命令、阶段计划、阶段记事签收按钮的工具条,同时还在上面显示当前日期时间,以及双机同步状态,如下:

"显示进路序列管理窗口"表示是否需要显示进路序列窗口，如图 8 – 12 所示。

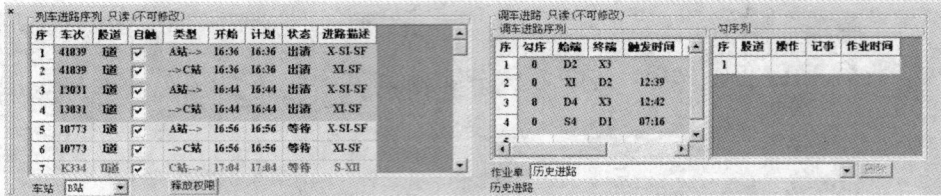

图 8 – 12　调度命令签收栏

点击"站场图"，出现如图 8 – 13 所示的菜单。

在上面菜单中可以选择对站场图、车次窗的缩放，以及显示文字和一些元素的选项。点击"行车日志"则出现如图 8 – 14 所示界面，点击后则可以切换到行车日志的界面。

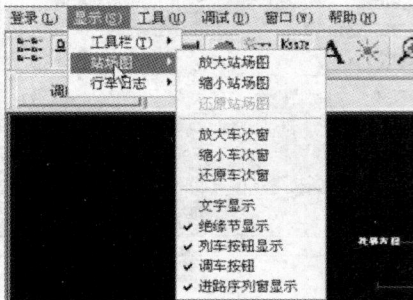

图 8 – 13　站场显示设置界面

图 8 – 14　行车日志界面

点击"工具"菜单后出现如图 8 – 15 所示界面。

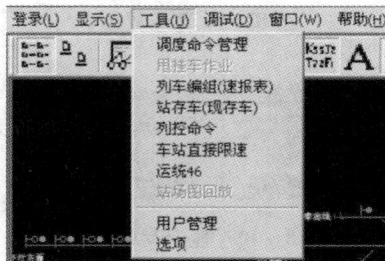

图 8 – 15　工具栏界面

主工具条如图 8 – 16 所示。

图 8 – 16　主工具条操作界面

① ▦ ▣ 多、单站画面的切换：第一个为多站画面按钮，第二个为单站画面按钮。

② ▦ 显示文字属性按钮：点击后弹出如图 8 − 17 所示的对话框。

打钩的选项表示此设备的文字标注在站场图上显示。

③ ▨ 绝缘节显示/隐藏按钮：点击此按钮可以在站场图上显示或隐藏绝缘节。

④ ▣ 列车（通过）按钮显示/隐藏：点击此按钮可以在站场图上显示或隐藏列车（通过）按钮，列车按钮和通过按钮是方形按钮，如图 ▣▣ ，图中左面的为通过按钮。

⑤ ● 调车按钮显示/隐藏：点击此按钮可以在站场图上显示或隐藏调车按钮，调车按钮是圆形按钮，如图 ●● 。

⑥ abc 车次号位置显示/隐藏：点击此按钮后站场图上出现可进行车次号操作的线框，在线框中点击鼠标右键，可以出现车次号操作的菜单，如图 8 − 18 所示。

⑦ ▦ 进路窗显示/隐藏：当进路窗显示时，站场图上出现如下所示的进路窗： ▦ 。

⑧ A 标注：点击此按钮后，将鼠标点击到站场图的任何位置，都会出现一个白色框，在此框中则可以输入需要标注的文字，输入后按回车键即可，需要删除时点击右键选择"删除"即可（见图 8 − 19）。

图 8 − 17　单站画面设置对话框

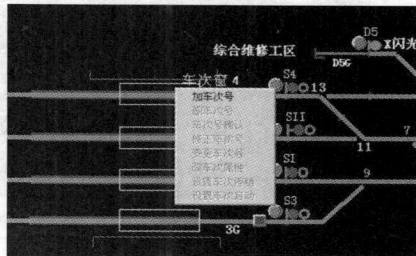

图 8 − 18　车号操作界面

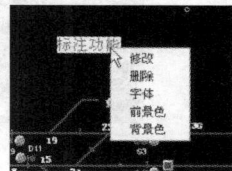

图 8 − 19　标注编辑界面

站场显示：在界面的中央是站场显示画面，在多站显示模式下，站场图上仅显示站场表示，没有控制操作界面。站内进路锁闭时，用白光带来显示，区段或区间被占用时，用红光带来显示，如图 8 − 20 所示。

在站名的下面有几个状态表示灯，默认显示是灰色，状态表示时是绿色。

▦▦▦ 表示 CTC 控制模式，第一个亮绿灯表示分散自律下的中心控制模式，中间一个亮绿灯表示分散自律下的分散自律模式，最后一个亮绿灯表示分散自律模式下的车站控制模式。

▦ 亮红灯时表示在非常站控模式下。

▦ 亮绿灯时表示系统与中心服务器通信正常。

▦ 亮绿灯时表示 CTC 正在给联锁发允许转回标志。

▦ 亮绿灯时表示与列控通信正常，亮黄灯时表示列控未初始化，亮红灯时表示列控系统故障。

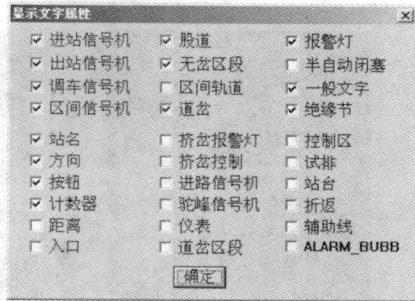

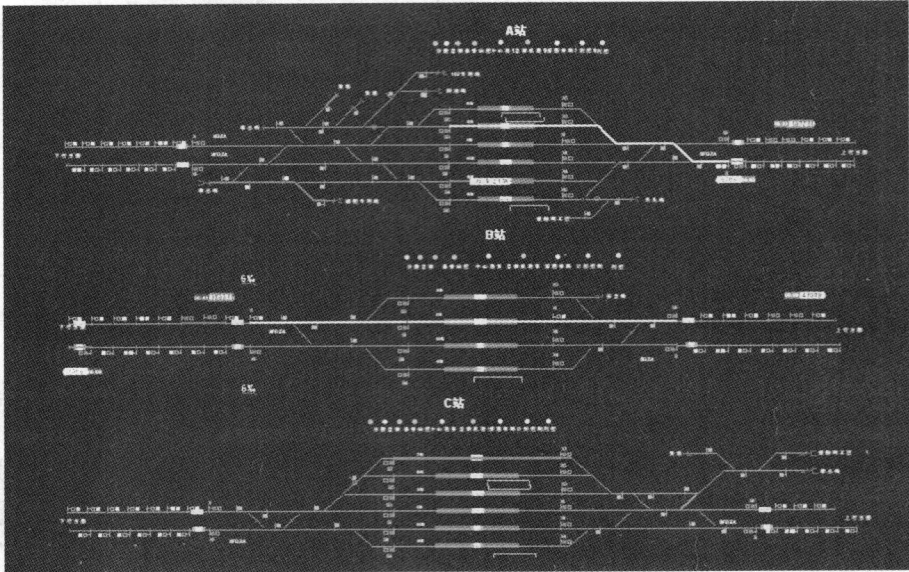

图 8 - 20　多站场显示界面

车站工作模式指示灯的含义（见图 8 - 21）。

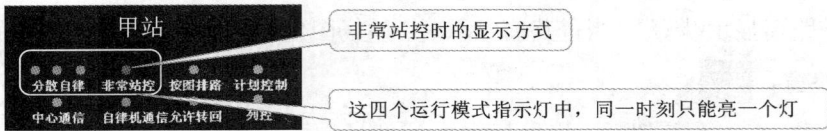

图 8 - 21　车站工作模式指示（一）

分散自律文字上面的三个灯分别表示中心控制、分散自律、车站控制，灯亮为绿色时表示车站处在相应的控制模式下。

非常站控灯亮为红色时表示当前站处于非常站控状态。同一时刻，控制模式灯最多只能亮一个灯。

自律机通信灯表示车站与自律机通信状态，当通信状态良好时，此灯会闪烁。当此灯长时间不闪烁时，表明系统故障，请及时与维护人员联系。

按图排路灯为绿时表示按图排路，为黄时表示手工排路。

计划控制灯为绿时表示排路需要和计划比较，为灰时表示不比较。

其中"计划控制"和"按图排路"功能可以通过 CTC 工具条上的"状态选择"按钮来选择是否需要此功能。

如果车站有列控限速设备，则有列控表示状态灯。当列控中心的线路未完全初始化时，站场图上的"列控"状态灯显示黄色，提醒人工干预进行初始化操作；如果列控中心的线路完全初始化了，则"列控"状态表示灯为绿色，如图 8 - 22、图 8 - 23 所示。

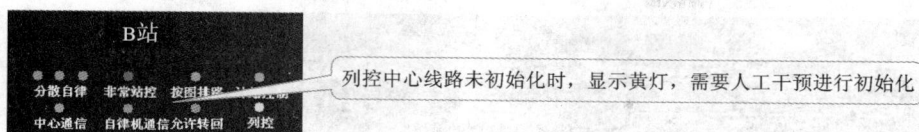

图 8 – 22　车站工作模式指示(二)

图 8 – 23　车站工作模式指示(三)

当车站状态处于站死状态时,站名下的状态表示等均不亮(暗灰色),同时股道、道岔、信号机等均为暗灰色。此时,说明网络通信中断或发生其他较严重的故障,需要尽快与电务人员联络进行处理。

车站入口处进路窗的含义(见图 8 – 24)。

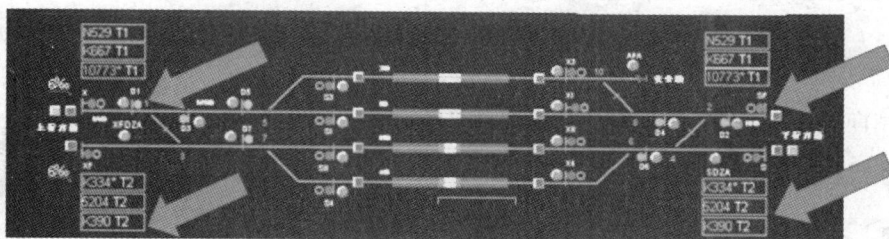

图 8 – 24　车站入口处进路窗

在车站的出入口有四个进路窗,分别表示即将要办理的上下行方向的进路序列,如图 8 – 25 所示。

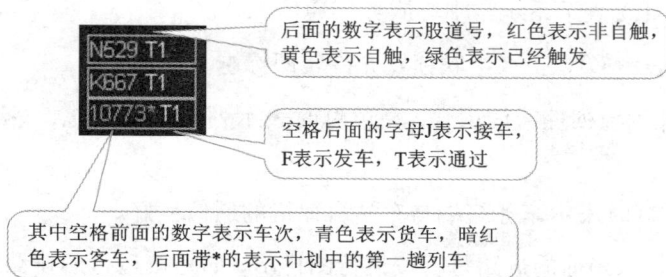

图 8 – 25　进路窗含义

单站显示界面及状态指示灯。单站画面如图 8 – 26 所示。

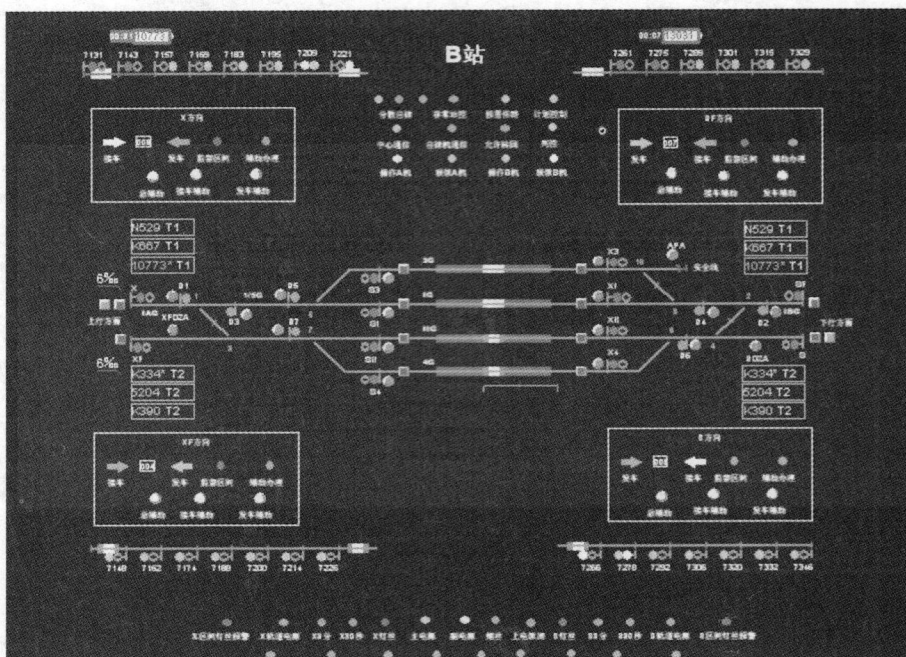

图 8－26　单站场界面

　　单站画面与区段画面中的车站站场图略有区别，在单站画面的站名下面，也有一些状态表示灯，如图 8－27 所示。

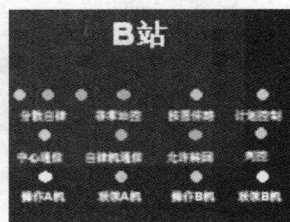

图 8－27　单站场界面状态

　　表示 CTC 控制模式，第一个亮绿灯表示分散自律下的中心控制模式，中间一个亮绿灯表示分散自律下的分散自律模式，最后一个亮绿灯表示分散自律模式下的车站控制模式。

　　亮红灯时表示在非常站控模式下。

　　绿色闪烁灯时表示系统与中心服务器通信正常。

　　亮绿灯时表示 CTC 正在给联锁发允许转回标志。

　　亮绿灯时表示与列控通信正常，亮黄灯时表示列控未初始化，亮红灯时表示列控系统故障。

　　绿色闪烁灯时表示车务终端与车站自律机的通信良好。

　　按图排路表示当前的进路是否按运行图排出，如是按运行图排路，则此灯一直为绿色，否则亮黄色。

　　计划控制表示当前排的进路是否需要和计划比较，如需要比较时此灯一直为绿色，否则此灯不亮。

 表示联锁及控显的状态,绿色表示是主机,黄色表示是备机,灭灯表示故障。

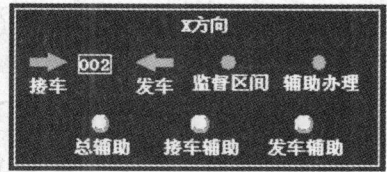

图 8 - 28 运行方向显示

在单站画面的四个角上有如图 8 - 28 所示的方框。

其中的 S 方向、SF 方向、X 方向、XF 方向分别表示上行方向、上发方向、下行方向、下发方向。下面第一排的各个 为状态表示灯,第二排的"总辅助"为计数标志,是对后面两个"接车辅助"和"发车辅助"按钮操作的计数。

图 8 - 29 所示的是各类报警灯和特殊按钮。

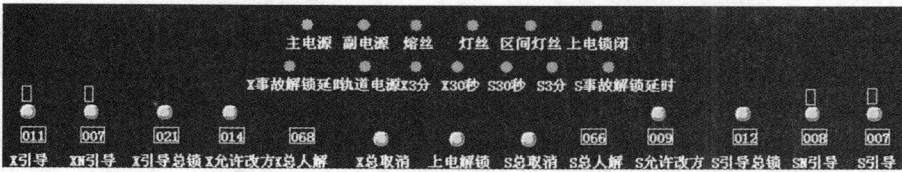

图 8 - 29 各类报警灯和特殊按钮

引导按钮上面黄框为定时器,下面黄框为计数器。总人解和引导总锁只有计数器(见图 8 - 30)。

CTC操作按钮,将在后续章节详细介绍各处按钮的功能和用法

进路序列窗,显示根据计划自动生成的列车进路,是值班员需要密切关注的重要信息。

图 8 - 30 引导按钮操作示意图

（2）CTC工具条通用操作方法。在站场图下面有一个工具条，如图8-31所示。

图8-31　CTC操作按钮示意图

此工具条是用来进行CTC按钮操作的，无论在区段画面还是单站画面中，此工具条都能使用。一般情况下，具备CTC操作权限时，此工具条就显示在站场图下方。

CTC总是处在某种操作命令状态下，这可以通过观察工具条上按钮的状态来分辨。灰色且凹下去的按钮就是当前的操作命令。用鼠标点击不同的按钮，将会改变当前的操作命令。缺省情况下，CTC处在"进路建立"命令下，这与6502控制台保持一致。一条操作命令完成或取消后，CTC自动回到缺省的"进路建立"命令状态下。

CTC具备两种命令操作方式：左键操作方式和右键操作方式。

①CTC命令的左键操作方式：

左键操作方式与6502控制台相同，通过鼠标左键来完成命令。先用左键在CTC工具条上选择操作命令，如"总取消"，然后在站场图上选择相应的设备，鼠标左键点一下设备，如该设备被成功点中，设备将以明显不同的方式显示。最后点击CTC工具条上的"命令下达"按钮来下发操作命令。"命令清除"是对操作命令进行清除，重新回到缺省的"进路建立"命令状态下。对于左键方式，"命令下达"和"命令清除"还可以通过在站场图上（任何位置）点击鼠标右键弹出一个菜单来实现。如图8-32所示。

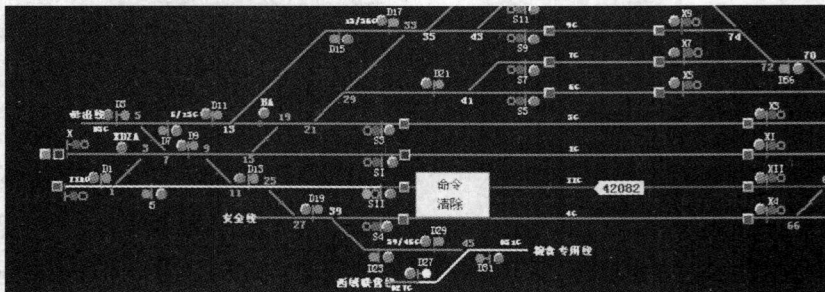

图8-32　进路清除操作示意图

"命令"指的是命令下达，"清除"指的是命令清除。

②CTC命令的右键操作方式：

右键操作方式是对左键操作方式的改进，避免了鼠标左键"选择命令→选择设备→命令下达"操作方式的大范围鼠标移动。右键方式下，可以直接在站场图上找到要操作的设备，点击鼠标右键，弹出一个命令菜单，它罗列了可以对该设备进行操作的所有命令。在菜单上选择需要的命令，左键点击，就会完成该设备的命令下发。需要注意的是：只有当鼠标移到设备上，设备颜色变为高亮（青色）时，才能出现右键操作菜单，如图8-33所示，当鼠标移到道岔上时，道岔变为青色，此时点击右键就会有操作菜单。

下面就详细介绍每个命令的操作，介绍基本按照这样的方式进行：

功能与意图：介绍命令的功能或目的。

站场图表示：介绍命令成功后站场图上相关设备的变化。

操作设备：指出命令可以操作的设备，即可用鼠标左键点击的设备。

左键操作方式：鼠标左键操作过程介绍。

右键操作方式：鼠标右键操作过程介绍。右键方式主要利用了弹出菜单，而弹出菜单是与设备相关的。目前只有信号机、道岔、区段有弹出菜单（车次窗的弹出菜单不是 CTC 操作），如图 8-34 至图 8-37 所示。

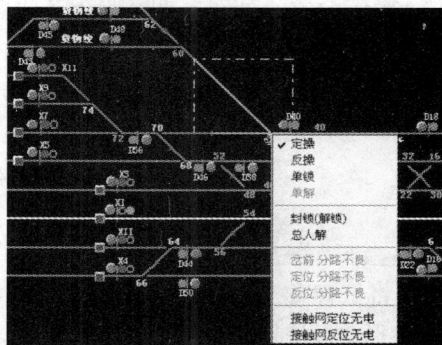

图 8-33　道岔单操示意图

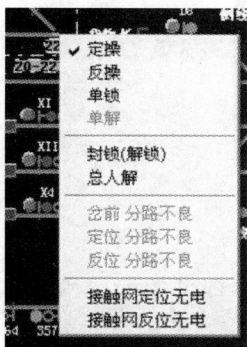

图 8-34　道岔弹出菜单　　图 8-35　区段弹出菜单　　图 8-36　进站信号机弹出菜单　　图 8-37　出站信号机弹出菜单

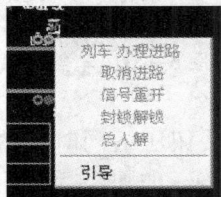

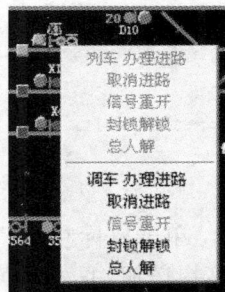

8.3　车站接发列车实验

8.3.1　实验目的

掌握 CTC 条件下车站接发车进路的排放及取消。

8.3.2　实验操作说明

本实验指导书是结合轨道运输实训模拟仿真教学系统编写而成的，该系统功能及操作基本类似一线使用的 Casco 公司系列产品，除此之外还具备一些教学考核、模拟事故等工作环境的功能。

1. 进路建立

（1）功能与意图。通过进路的始终端按钮实现手工排进路及取消。

（2）站场图表示。道岔定反位操作到位，在排进路过程中，道岔文字可能会闪烁，进路白光带显示在站场图上，相应的信号机开放。

（3）操作设备。列车按钮、调车按钮或通过按钮。必须至少操作两个以上按钮。

图 8 - 38　车务终端操作按钮界面

（4）左键操作方式。选择"进路建立"按钮，当按钮变灰且凹下去时说明此命令已被选中，然后将鼠标移至需要办理进路的始端按钮上，如果此按钮能够办理进路，此时鼠标就会变为十字形，且按钮和信号机外框同时变为高亮，如图 8 - 39 所示。

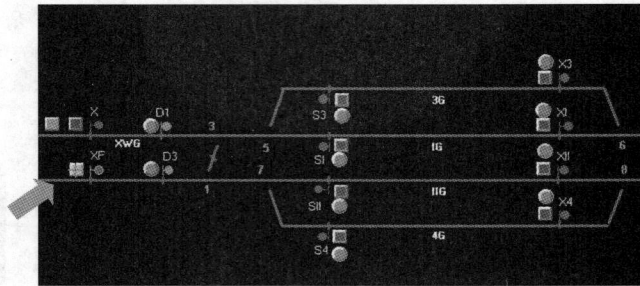

图 8 - 39　车务终端进路排放操作示意图（一）

单击鼠标左键，始端按钮压下同时有蓝色闪烁，系统自动找到能办理进路的终端按钮（变更按钮）且变为黄色闪烁，如图 8 - 40 所示。

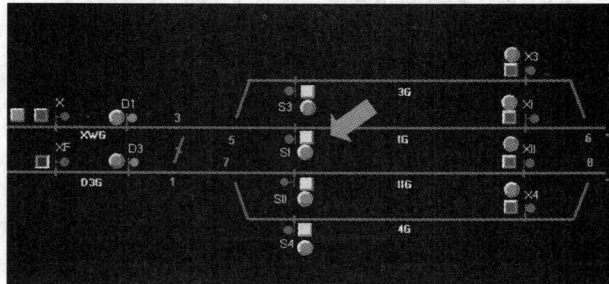

图 8 - 40　车务终端进路排放操作示意图（二）

此时会发现在 CTC 工具条上原先为灰色的"命令清除"按钮变为能按状态并且字体变为蓝色，如图 8 - 41 所示。

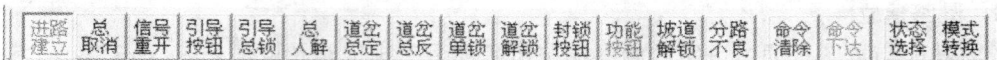

图 8 - 41　车务终端进路排放操作示意图（三）

如果不想办理进路，就可以点击这个按钮。

如果要办理进路就可以将鼠标移到终端(变更)按钮上，此时鼠标状态变为十字形，且按钮和信号机外框同时变为高亮，如图 8 - 42 所示。

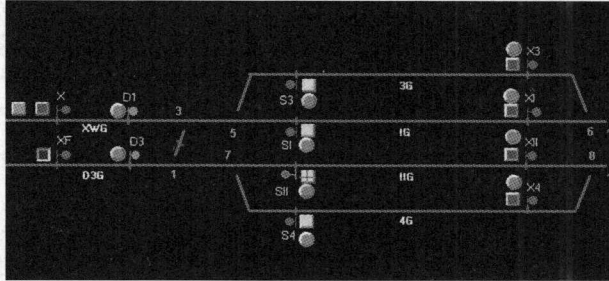

图 8 - 42　车务终端进路排放操作示意图(四)

按下鼠标左键，终端按钮(变更按钮)呈蓝色，并有一定时间的闪烁，如图 8 - 43 所示。

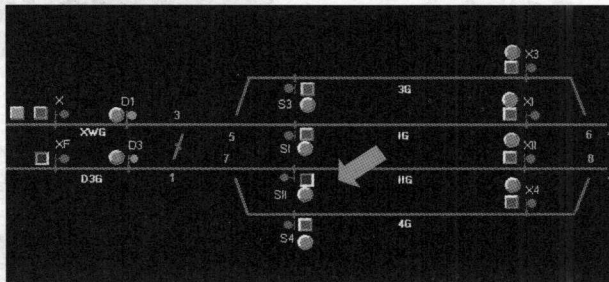

图 8 - 43　车务终端进路排放操作示意图(五)

此时会发现 CTC 工具条上的"命令下达"按钮由原先的灰色变为能按的状态同时字体变为红色，如图 8 - 44 所示。

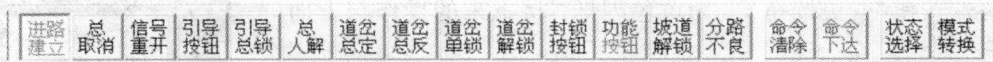

图 8 - 44　车务终端进路排放操作示意图(六)

可以通过点击这个按钮来办理这条进路，命令下达后，在始端按钮的附近弹出如图 8 - 45 所示窗口。

输入车次号点击确定，如果系统判定可以办理这条进路的话，在站场图上就会出现一条白光带，说明此进路已经成功建立，如图 8 - 46 所示。

图 8 - 45　车务终端进路排放操作示意图(七)

如果系统检查后判定建立此进路有冲突，此时会弹出一个"人工操作回应"对话框，如图 8 – 47 所示。

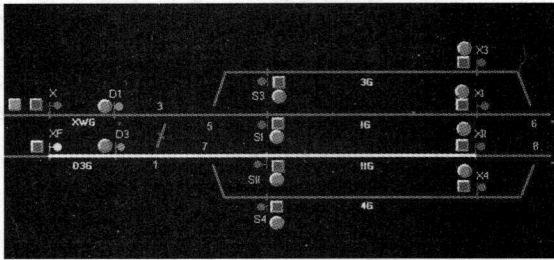

图 8 – 46 车务终端进路排放操作示意图(八)

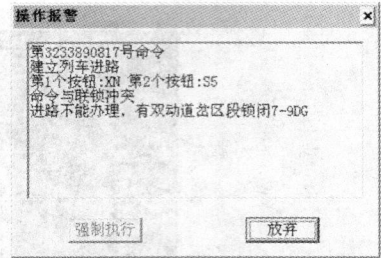

图 8 – 47 车务终端进路排放操作示意图(九)

在此对话框中说明了此操作的回应信息，如果没有点击此对话框上的选项，一定时间后系统自动会选择"放弃"。是否可以强制执行由自律机决定，一般情况下，"强制执行"按钮为灰，表明不可强制执行。

如果办理进路时需要操作道岔，则在办理进路的过程中，道岔名称会有白色闪烁，

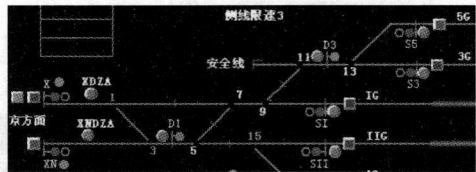

图 8 – 48 车务终端进路排放操作示意图(十)

如图 8 – 48 所示，图中的 5 号和 7 号道岔需要动作，此时 5 和 7 会在站场图上闪烁。

同样，调车进路也可以按相同的操作建立。

(5)右键操作方式。将鼠标移到始端信号机灯位上，信号机外框为青色，如图 8 – 49 所示。

点击鼠标右键，出现如图 8 – 50 所示的菜单。

图 8 – 49 车务终端进路排放操作示意图(十一)

在右键中有"办理进路"这一项，因为此信号机既有列车按钮又有调车按钮，所以它同时具备列车和调车两种不同的菜单项。点击所要办理的进路选项，始端按钮变为蓝色闪烁，同时可供选择的终端按钮(变更按钮)变为黄色闪烁，接下来的操作与上面相同。

2. 进路取消

(1)功能与意图。通过进路的始端按钮实现手工取消进路。

(2)站场图表示。进路白光带在站场图上消失，信号关闭。

(3)操作设备。进路的始端按钮(列车按钮、调车按钮或通过按钮)。

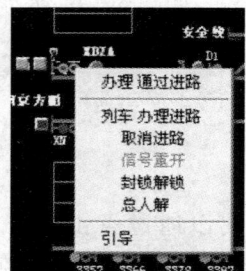

图 8 – 50 车务终端进路排放操作示意图(十二)

(4)左键操作方式。选择"总取消"按钮，选中命令后将鼠标移到进路的始端按钮，此时鼠标形状为十字形，按钮呈青色，如图 8 – 51 所示。

此时按下鼠标左键，始端按钮呈蓝色，并有一定时间的闪烁，此时可以观察到 CTC 工具条上的"命令清除"和"命令下达"这两个按钮都可以选择，如图 8 – 53 所示。

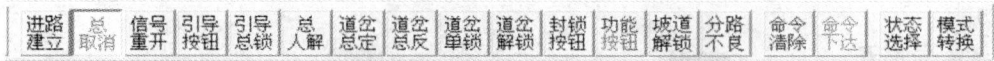

图 8 -51　车务终端进路取消操作示意图(一)

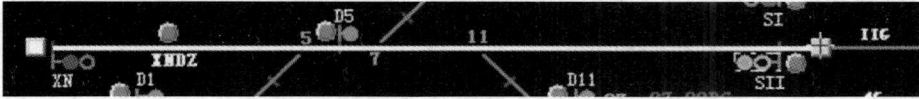

图 8 -52　车务终端进路取消操作示意图(二)

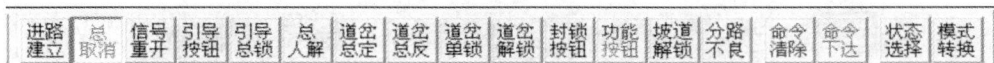

图 8 -53　车务终端进路取消操作示意图(三)

如果不想取消这条进路,点击"命令清除",如果要取消这条进路,就点击"命令下达"。

(5)右键操作方式。同样,进路取消操作也可以不用点击 CTC 工具条上的"总取消"按钮,直接通过鼠标右键菜单实现。将鼠标移到进路始端的信号机灯位上,此时此信号机外框和名称变为青色,点击鼠标右键出现如图 8 - 54 所示的界面。

只要选择列车的"取消进路"这个选项就可以实现进路的取消了。系统会弹出一个询问对话框,如图 8 - 55 所示。

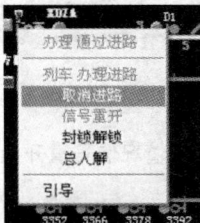

图 8 -54　车务终端进路取消操作示意图(四)

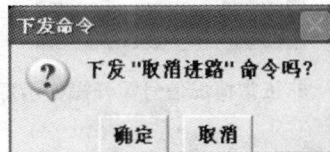

图 8 -55　车务终端进路取消操作示意图(五)

8.4　非正常情况接发列车实验

8.4.1　实验目的

掌握 CTC 条件下车站非正常情况接发车进路的排放及取消。

8.4.2　实验操作说明

本实验指导书是结合轨道运输实训模拟仿真教学系统编写而成的,该系统功能及操作基本类似一线使用的 Casco 公司系列产品,除此之外还具备一些教学考核、模拟事故等工作环境的功能。

1. 信号重开

(1)功能与意图。当信号开放后由于轨道电路瞬时分路或其他原因而关闭,若开放信号的条件又满足(进路完整锁闭、空闲、没有敌对信号开放,等等),按压相应进路的始端按钮,信号可以重新开放。

(2)站场图表示。信号机开放。

(3)操作设备。进路的始端按钮(列车按钮、调车按钮)。

(4)左键操作方式。选择"信号重开"按钮,再移到进路的始端按钮上,此时鼠标变为十字形,按下进路的始端按钮,然后命令下达即可。

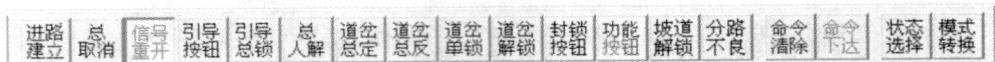

图 8 – 56　非正常情况信号重开操作示意图(一)

(5)右键操作方式。同时也可以通过鼠标右键的方式来实现此功能,当需要信号重开时,将鼠标移到信号机的灯位,点击右键,出现如图 8 – 57 所示的菜单。

可以选择右键中的"信号重开"菜单实现此项任务。系统会弹出一个询问对话框,如图 8 – 58 所示。

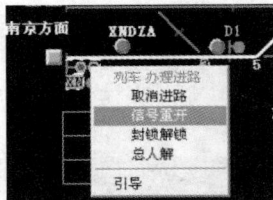

图 8 – 57　非正常情况信号重开操作示意图(二)

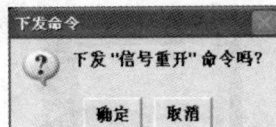

图 8 – 58　非正常情况信号重开操作示意图(三)

2. 引导进路

(1)功能与意图。当进站信号机(或进路信号机)因故不能正常开放时,可开放引导信号。

(2)站场图表示。如果引导进路创建成功,则用白光带显示。同时在引导按钮下面有一个计数器,表示按下此按钮的次数,如图 8 – 60 所示"X 引导"下面的"001",就是一个计数器。

如果进站信号内方第一区段故障,办理引导进路时,在站场图的引导按钮上方应该有 30 s延时表示,如果调度员要保持进站信号的持续开放,在 30 s 内必须再次办理引导进路操作,重新开始另一个 30 s 延时。

(3)操作设备:引导按钮。

(4)左键操作方式。此项功能只有在单站画面中使用,当站场图为单站画面时,在画面的左下角和右下角分别有两个引导按钮,如图 8 – 60 所示。

图 8-59 非正常情况引导进路操作示意图(一)

选择"引导按钮",因为此按钮是铅封按钮,所以需要密码,此时系统会弹出一个密码输入的对话框,如图 8-61 所示。

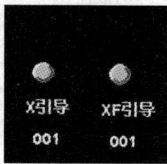

图 8-60 非正常情况引导
进路操作示意图(二)

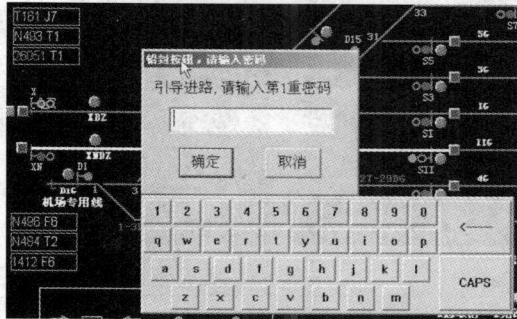

图 8-61 非正常情况引导进路操作示意图(三)

此对话框也带有一个软键盘,可以直接从软键盘上输入,输入的密码显示为星号(＊),输入完后点击"确定"按钮,如果不想进行引导操作的话,就点击"取消"按钮。当需要此操作并输入密码点击确定,如果此时密码不正确,系统会提示密码有误,如图 8-62 所示,同时 CTC 工具条会返回到此操作前的状态。

图 8-62 非正常情况引导
进路操作示意图(四)

如果密码正确,则此命令按钮呈被选中状态: 引导按钮 。此时将鼠标移到站场图上要办理引导的引导按钮上,如果此时能办理引导操作,则鼠标变为十字形,同时站场图上的引导按钮也变为黄色(可操作状态),如图 8-63所示。

上图中将鼠标放到 X 引导按钮上,同时可以观察到 X 方向的进站信号机外框也呈青色。按下鼠标左键,弹出密码输入框,输入正确密码后,"X 引导"按钮呈蓝色,并有一定时间的闪烁,如图 8-64 所示。

这时会发现 CTC 工具条上的"命令清除""命令下达"呈可按下状态,此

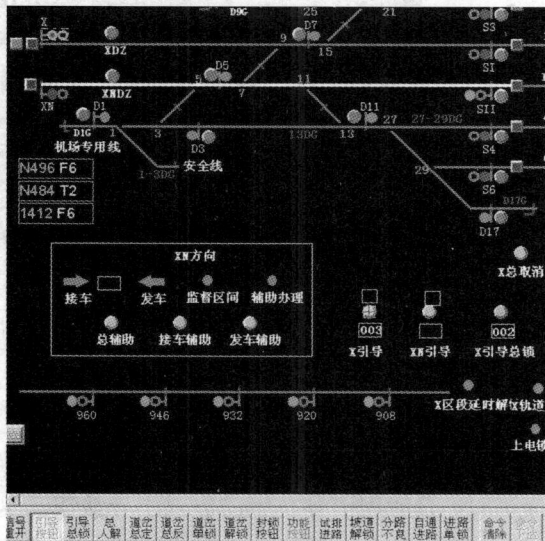

图 8-63 非正常情况引导进路操作示意图(五)

时可以点击"命令清除"选择不进行这项操作，如果确认要进行引导操作的话，点击"命令下达"按钮。

（5）右键操作方式。右击进站信号机，弹出菜单如图 8 - 65 所示。

选择"引导"菜单项。系统会弹出一个询问对话框，如图 8 - 66 所示。

图 8 - 65　非正常情况进路排放操作示意图（七）

图 8 - 64　非正常情况引导进路操作示意图（六）

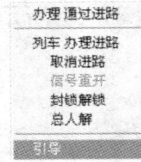

图 8 - 66　非正常情况引导进路操作示意图（八）

点击确定，则弹出密码输入框，输入正确密码后则会下发引导命令。

注意：引导进路的取消需要使用"总人解"按钮，即选中"总人解"按钮，输入正确密码后，将鼠标移至引导按钮上按下，并将"命令下达"，如图 8 - 67 所示。

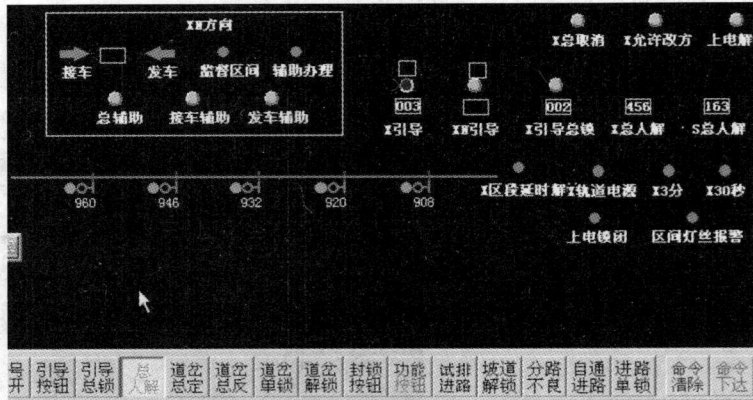

图 8 - 67　非正常情况引导进路操作示意图（九）

3. 引导总锁（密码）

（1）功能与意图。在得不到道岔表示时（即进路上道岔失表示）或向不是接车进路的编组线上接车时，只能用引导总锁的方式引导接车。这时由车站值班员保证行车安全。

（2）站场图表示。引导总锁按钮所辖咽喉内的所有道岔被单锁，道岔文字变为红色。再次按引导总锁时，道岔文字还原到引导总锁前的状态。引导总锁是铅封按钮，在引导总锁按钮旁边有一个计数器指示引导总锁次数。

（3）操作设备。引导总锁按钮，对应的 X 引导总锁
和 S 引导总锁。

（4）左键操作方式。单站画面站场图的左右两个
角下，分别有两个按钮："X 引导总锁"和"S 引导总
锁"，如图 8－68 所示。

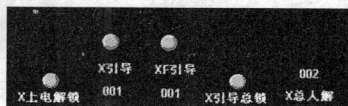

选择"引导总锁"按钮，如图 8－69 所示。

**图 8－68　非正常情况引导
总锁操作示意图（一）**

图 8－69　非正常情况引导总锁操作示意图（二）

此时系统需要校对密码两次，如图 8
－70 所示的密码输入框会出现两次。

当输入正确的密码后，将鼠标移到
单站站场图的"引导总锁"按钮上，鼠标
变为十字形，同时按钮变为高亮（青色），
如图 8－71 所示。

按下鼠标左键，此时图上的"X 引导
总锁"按钮呈蓝色，并有一定时间的闪
烁，如图 8－72 所示。

图 8－70　非正常情况引导总锁操作示意图（三）

图 8－71　非正常情况引导总锁操作示意图（四）

图 8－72　非正常情况引导总锁操作示意图（五）

这时会发现 CTC 工具条上的"命令清除"和"命令下达"呈可按下状态，如图 8－73 所示。

图 8－73　非正常情况引导总锁操作示意图（五）

此时可以点击"命令清除"选择不进行
这项操作，如果确认要进行此项操作，点
击"命令下达"。

当确认后并下达此命令，这时站场图
上的引导按钮呈红色，并且它的计数器值
加 1，计数器是用来计数做这项操作的次数。如图 8－74 所示。

（5）无右键操作方式。

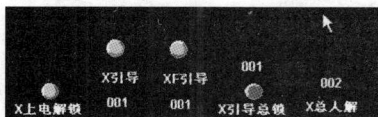

图 8－74　非正常情况引导总锁操作示意图（六）

4. 总人解(密码)

功能与意图：解锁接近锁闭的进路、引导进路和区段。

站场图表现：进路白光带消失，信号机关闭。

操作设备：道岔按钮、道岔、区段、列车按钮、调车按钮、引导按钮。

操作方法：

(1)CTC 工具条方式。

1)接近锁闭总人解。首先选中 CTC 工具条上的 ▨解 按钮，此时弹出密码校对对话框，输入密码正确无误后，CTC 工具条上按钮变为 ▨解 ，表明已经选中了此命令。

如要解锁接近锁闭的进路，则再按相应信号机的始端按钮。

操作：将鼠标移到进路的始端按钮上，此时鼠标变为十字形，此信号机也高亮显示，如图 8－75 所示。

按下鼠标左键，信号机按钮呈蓝色，并有一定时间的闪烁，如图 8－76 所示。

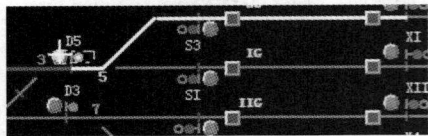

图 8－75　非正常情况总人解操作示意图(一)　　　图 8－76　非正常情况总人解操作示意图(二)

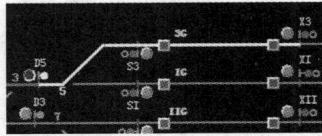

此时会发现 CTC 工具条上的 命令清除 命令下达 呈可按下状态，此时可以点击"命令清除"选择不进行这项操作，如果确认要进行此项操作，点击"命令下达"。当然这个时候也可以在站场图上点击鼠标右键，出现"命令下达"和"命令清除"选项，点击它们也一样能实现想要的功能。点击"命令下达"后，等待 30 s 或者 3 min 延时结束后，如果成功解锁，则白光带消失。

注：调车进路或发车进路接近锁闭需要延时 30 s；接车进路接近锁闭需要延时 3 min。

2)单个区段锁闭故障解锁。当开机或由于某种原因使轨道区段不能解锁时，应分段地按故障方式使其解锁，解锁条件是该区段未被进路占用(不是某条进路的区段)，而且该区段空闲；此时则点击该区段名称即可(也可以是点击区段的线段)。

操作：选中"总人解"按钮命令后，将鼠标移至需要解锁的区段(或区段名称)，此时会发现鼠标呈十字形，区段高亮显示(青色)，如图 8－77 所示。

此时点击鼠标左键，则该区段或者道岔区段对应岔尖呈蓝色，表示已被选中，如图 8－78 所示。

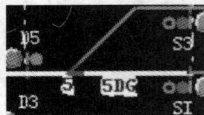

图 8－77　非正常情况总人解操作示意图(三)　　　图 8－78　非正常情况总人解操作示意图(四)

此时会发现 CTC 工具条上的  命令清除 命令下达 呈可按下状态，此时可以点击"命令清除"选择不做这项操作，如果确认要进行此项操作，点击"命令下达"。当然这个时候也可以在站场图上点击鼠标右键，出现"命令下达"和"命令清除"选项，点击它们也一样能实现想要的功能。点击"命令下达"后，如果成功解锁，则白光带消失。

3)引导进路人工解锁。

①首先选中 CTC 工具条上的 总人解 按钮，此时弹出密码校对对话框，输入密码正确无误后，CTC 工具条上按钮变为 总人解 ，表明已经选中了此命令。

如要解锁引导进路，则再按相应信号机的始端按钮，或者对应的引导按钮。

操作：将鼠标移到引导进路对应进站信号机的列车按钮上，此时鼠标变为十字形，此时信号机也高亮显示，如图 8 – 79 所示。

按下鼠标左键，信号机按钮呈蓝色，并有一定时间的闪烁，如图 8 – 80 所示。

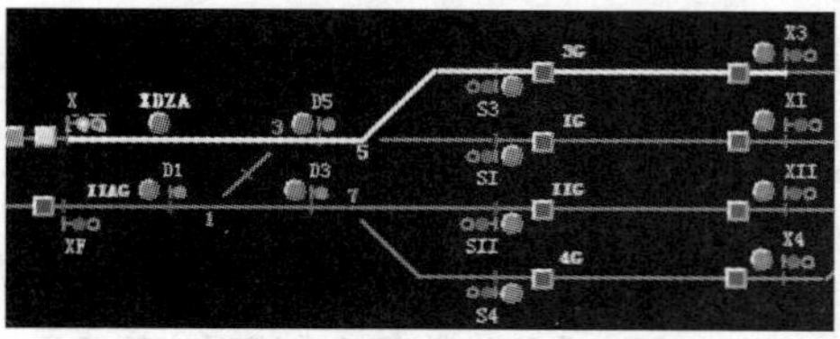

图 8 – 79　非正常情况总人解操作示意图(五)

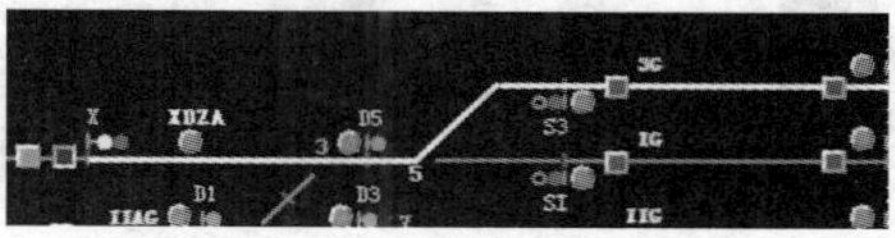

图 8 – 80　非正常情况总人解操作示意图(六)

此时会发现 CTC 工具条上的  命令清除 命令下达 呈可按下状态，此时可以点击"命令清除"选择不做这项操作，如果确认要进行此项操作，点击"命令下达"。当然这个时候也可以在站场图上点击鼠标右键，出现"命令下达"和"命令清除"选项，点击它们也一样能实现想要的功能。点击"命令下达"后，如果成功解锁，则白光带消失。

②采用以下的方法也可以人工解锁引导进路：首先选中 CTC 工具条上的 总人解 按钮，此时弹出密码校对对话框，输入密码正确无误后，CTC 工具条上按钮变为 总人解 ，表明已经选中了此命令。

如要解锁引导进路，则再按相应信号机的始端按钮，或者对应的引导按钮。

操作：将鼠标移到引导进路对应进站信号机的引导按钮上，此时鼠标变为十字形，此信号机也高亮显示，如图 8 – 81 所示。

按下鼠标左键，引导按钮呈蓝色，并有一定时间的闪烁，如图 8 – 82 所示。

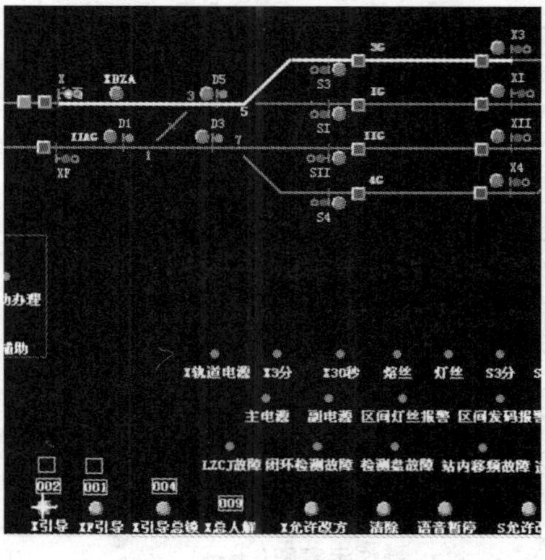

此时会发现 CTC 工具条上的  命令清除 命令下达 呈可按下状态，此时可以点击"命令清除"选择

图 8 – 81　非正常情况总人解操作示意图(七)

不做这项操作，如果确认要进行此项操作，点击"命令下达"。当然这个时候也可以在站场图上点击鼠标右键，出现"命令下达"和"命令清除"选项，点击它们也一样能实现想要的功能。点击"命令下达"后，如果成功解锁，则白光带消失。

（2）鼠标右键方式。当需要进行"总人解"操作时，也可以直接用鼠标选中你所要操作的设备，从鼠标右键菜单中快捷方便地实现此项功能。

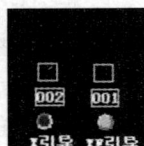

图8-82 非正常情况总人解操作示意图（八）

1）接近锁闭总人解。如要解锁接近锁闭的进路，将鼠标移到始端信号机的灯位，此时信号机的灯位核名称呈高亮（青色），这时说明可以进行右键操作，点击鼠标的右键，弹出如图8-83所示的界面。

点击此右键菜单的"总人解"命令，此时系统会弹出一个询问对话框，如图8-84所示。

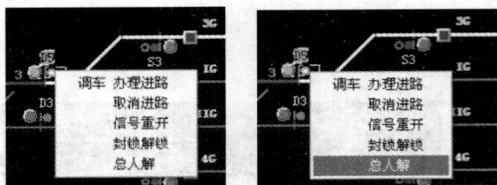

图8-83 非正常情况总人解操作示意图（九）

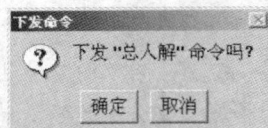

图8-84 非正常情况总人解操作示意图（十）

其中有两个选项：确定和取消。如果确认要进行总人解操作的话，点击"确定"按钮，此时系统会弹出密码输入对话框，当输入的密码正确后，系统就下发了总人解的命令。如果解锁成功，则白光带消失。

注：调车进路或发车进路接近锁闭需要延时30 s；接车进路接近锁闭需要延时3 min；

2）单个区段锁闭故障解锁。如要对轨道区段进行"总人解"操作时，将鼠标移至需要操作的区段的名称上（或是该区段的线段上），此时该区段和名称均呈高亮（青色），如图8-85所示。

这时点击鼠标右键，弹出的右键菜单中有"总人解"选项，如图8-86所示。

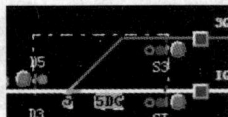

图8-85 非正常情况总人解
操作示意图（十一）

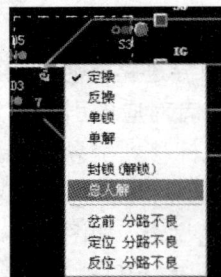

图8-86 非正常情况总人解
操作示意图（十二）

点击"总人解",同样有询问对话框弹出,如图 8-87 所示。

确认后并点击"确定"按钮,弹出密码输入框,输入密码正确后,总人解命令下发。如果成功解锁,则白光带消失,如图 8-88 所示。

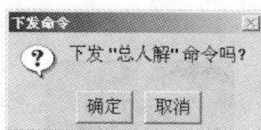

图 8-87　非正常情况总人解操作示意图(十三)　　　图 8-88　非正常情况总人解操作示意图(十四)

3)引导进路人工解锁。如要解锁引导进路,将鼠标移到引导信号机的灯位,此时信号机的灯位核名称呈高亮(青色),这时说明可以进行右键操作,点击鼠标的右键,弹出如图 8-89、图 8-90 所示的界面。

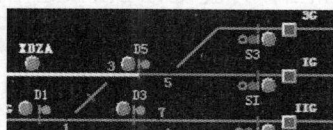

图 8-89　非正常情况总人解操作示意图(十五)　　　图 8-90　非正常情况总人解操作示意图(十六)

点击此右键菜单的"总人解"命令,此时系统会弹出一个询问对话框,如图 8-91 所示。

其中有两个选项:确定和取消。如果确认要进行总人解操作的话,点击"确定"按钮,此时系统会弹出密码输入对话框,当输入的密码正确后,系统就下发了总人解的命令。如果解锁成功,则白光带消失。

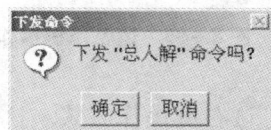

图 8-91　非正常情况总人解操作示意图(十七)

5. 道岔单操(总定/总反)

(1)功能与意图。道岔未锁闭(锁闭包括进路锁闭、引导总锁闭和单锁)时,可进行道岔的单独操纵。

(2)站场图表示。当道岔处于定位时,道岔名称呈绿色;当道岔处于反位时,道岔名称呈黄色。如图 8-92 中 1/3,7 号道岔处于定位;5 号道岔处于反位。

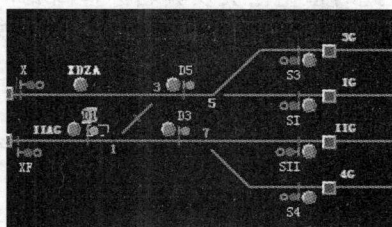

图 8-92　道岔单操操作示意图(一)

(3)操作设备。道岔。

(4)左键操作方式。以"道岔总定"操作为例说明,选择 CTC 工具条上的 道岔总定 按钮,此操作不需要密码校核，选中后按钮呈 ![道岔总选]，此时将鼠标移到站场图上需要操作的道岔上，系统自动会判定此时该道岔能否进行此项操作，如果能进行此操作时，鼠标呈十字形，同时该道岔呈高亮(青色)状态，如图 8 - 93 所示。

此时点击鼠标左键，道岔被选中岔尖并呈蓝色，如图 8 - 94 所示。

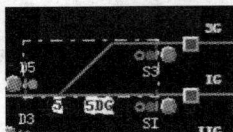

图 8 - 93　道岔单操操作示意图(二)　　　　图 8 - 94　道岔单操操作示意图(三)

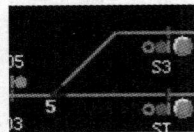

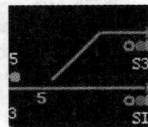

此时会发现 CTC 工具条上的 ![命令清除 命令下达] 呈可按下状态，此时可以点击"命令清除"选择不做这项操作，如果确认要进行此项操作，点击"命令下达"。当然这个时候也可以在站场图上点击鼠标右键，出现"命令下达"和"命令清除"选项，点击它们也一样能实现想要的功能。点击"命令下达"后，如果可以成功地进行道岔的操纵，则此道岔的名称呈白色闪烁，如图 8 - 95 所示。

当道岔动作完毕，道岔的名称呈正常状态，如图 8 - 96 表示上述操作成功后，5 号道岔处于定位状态上，道岔名称为绿色。

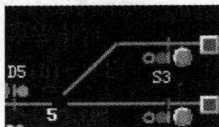

图 8 - 95　道岔单操操作示意图(四)　　　　图 8 - 96　道岔单操操作示意图(五)

(5)右键操作方式。这里也以上一步中的 5 号道岔为例，现在道岔是处于定位状态，以下演示用鼠标右键操作的方式使道岔动作到反位状态。

首先将鼠标移到需要动作的道岔上(或道岔名称)，此时道岔岔尖及其名称呈高亮状，此时说明道岔可以进行右键操作，如图 8 - 97 所示。

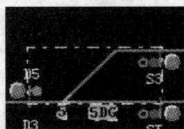

图 8 - 97　道岔单操操作示意图(六)

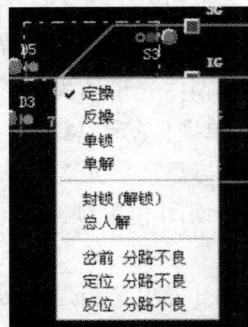

图 8 - 98　道岔单操操作示意图(七)

点击鼠标右键，弹出如图 8 - 98 所示的菜单。

此时点击"反操"菜单，系统弹出如图 8 - 99 所示的询问对话框。

　　这里的"确定"和"取消"分别表示命令下发和取消此命令。确认后点击确定,道岔动作时如上面所说的一样,道岔名称呈白色闪烁,动作完毕后,道岔位于反位状态,此时道岔名称呈黄色,如图 8 – 100 所示。

　　这里也以上一步中的 5 号道岔为例,现在道岔是处于定位状态,以下演示用鼠标右键操作的方式使道岔动作到反位状态。

　　首先将鼠标移到需要动作的道岔上(或道岔名称),此时道岔岔尖及其名称呈高亮装,此时说明道岔可以进行右键操作,如图 8 – 101 所示。

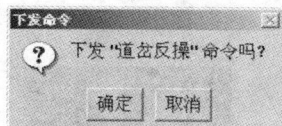

图 8 – 99　道岔单操
操作示意图(八)

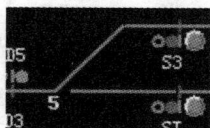

图 8 – 100　道岔单操
操作示意图(九)

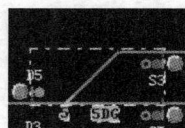

图 8 – 101　道岔单操
操作示意图(十)

　　点击鼠标右键,弹出如图 8 – 102 所示的菜单。

　　此时点击"反操"菜单,系统弹出如图 8 – 103 所示的询问对话框。

　　这里的"确定"和"取消"分别表示命令下发和取消此命令。确认后点击确定,道岔动作时如上面所说的一样,道岔名称呈白色闪烁,动作完毕后,道岔位于反位状态,此时道岔名称呈黄色,如图 8 – 104 所示。

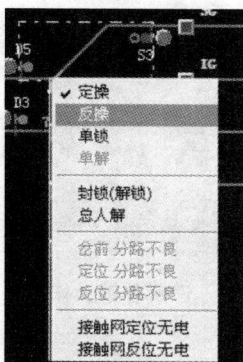

图 8 – 102　道岔单操操作示意图(十一)

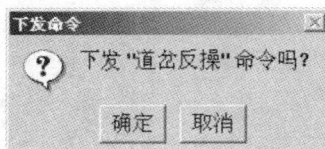

图 8 – 103　道岔单操操作示意图(十二)

图 8 – 104　道岔单操操作示意图(十三)

6. 道岔单锁

　　(1)功能与意图。无条件地单独锁闭道岔。

　　(2)站场图表示。道岔名称颜色变为红色。

　　(3)操作设备。道岔。

　　(4)左键操作方式。点击 CTC 工具条上的 [道岔单锁] 按钮,选中此命令后,按钮变为 [道岔单锁],表明此时的命令已被选中。将鼠标移到需要操作的道岔(或其名称)上,此时道岔岔尖呈褐色状,鼠标也变为十字形,如图 8 – 105 所示的 3 号道岔。

点击鼠标左键，此时道岔岔尖呈蓝色，表明此道岔已被选中，如图 8 – 106 所示。

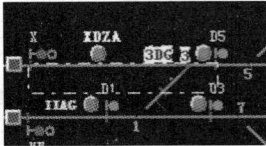

图 8 – 105　道岔单锁操作示意图(一)

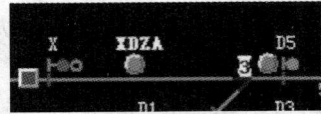

图 8 – 106　道岔单锁操作示意图(二)

此时可以通过 CTC 工具条上的 命令清除 命令下达 这两个按钮，或通过站场图上右键菜单 命令清除 ，分别实现"命令下达"和"命令清除"的功能。当下达了此命令后，如果操作成功，此道岔就处于锁闭状态，同时道岔名称颜色变为红色，如图 8 – 107 所示，3 号道岔处于锁闭状态。

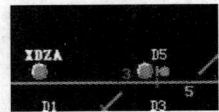

图 8 – 107　道岔单锁操作示意图(三)

此时可排列经过 3 号道岔开通位置的进路，但是不能转换道岔。

(5)右键操作方式。将鼠标移到需要操作的道岔(或道岔名称)上，当此道岔变为高亮(青色)时，表明此道岔可以进行右键操作，点击右键，弹出如图 8 – 108 所示的菜单。

选中"单锁"选项，系统弹出如图 8 – 109 所示的询问对话框。

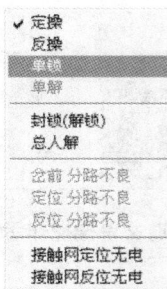

图 8 – 108　道岔单锁操作示意图(四)

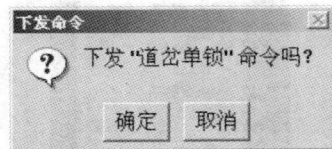

图 8 – 109　道岔单锁操作示意图(五)

这里的"确定"和"取消"分别表示命令下发和取消此命令。确认后点击确定，此时系统下发了这个命令。当成功地锁闭了此道岔后，道岔名称呈红色。

7. 道岔解锁(密码)

(1)功能与意图。为处于单锁状态的道岔进行解锁。

(2)站场图表示。道岔名称呈红色表示取消。

(3)操作设备。道岔。

(4)左键操作方式。点击 CTC 工具条上的 道岔解锁 按钮，此时系统会弹出密码输入框，如果输入密码正确，此按钮变为 道岔解锁 ，表明已经选中了"道岔解锁"这个命令。此时将鼠标移到需要解锁的道岔(道岔名称)上，系统会自动判别哪些设备能进行此操作，当鼠标变为十字形同时道岔岔尖呈高亮状时表明可以对此道岔操作此命令，如图 8 - 110 所示的 5 号道岔。

按下鼠标左键，此时道岔岔尖呈蓝色，表明已经选中了此道岔，如图 8 - 111 所示。

此时可以通过 CTC 工具条上的 这两个按钮，或通过站场图上右键菜单 ，分别实现"命令下达"和"命令清除"的功能。当下达了此命令后，如果操作成功，此道岔就恢复为锁闭前的状态。如图 8 - 112 所示为道岔解锁命令成功执行后，5 号道岔的状态。

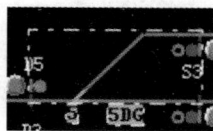

图 8 - 110　道岔解锁
操作示意图（一）

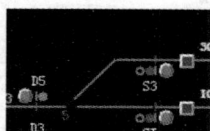

图 8 - 111　道岔解锁
操作示意图（二）

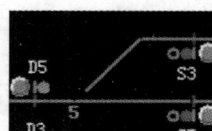

图 8 - 112　道岔解锁
操作示意图（三）

（5）右键操作方式。将鼠标移到需要操作的道岔（或其名称）上，此时道岔呈高亮表明有右键操作菜单，点击鼠标右键，出现如图 8 - 113 所示的菜单。

点击"单解"选项，出现如图 8 - 114 所示的询问对话框。

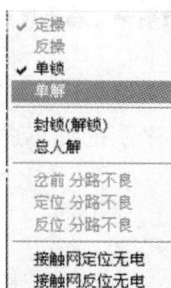

图 8 - 113　道岔解锁操作示意图（四）

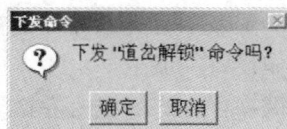

图 8 - 114　道岔解锁操作示意图（五）

这里的"确定"和"取消"分别表示命令下发和取消此命令。确认后点击确定，此时系统弹出密码输入框，在输入了正确的密码后，系统下发这个命令。当成功地将此道岔解锁后，道岔恢复到锁闭前的状态。

8. 轨道电路分路不良及确认空闲

（1）功能与意图。全称轨道电路分路不良。

如果某轨道电路是分路不良，为了让所有的相关人员在站场图上了解这一信息，以防止进行不安全的操作。

（2）站场图表示。分路不良的道岔或区段被一条细细的红色线包围。道岔的岔前、定位、反位的分路不良是分开显示的。

区段分路不良显示如图 8 - 115 所示。

（3）操作设备。道岔或区段。

图 8 - 115　轨道电路分路不良操作示意图（一）

（4）左键操作方式。选择"分路不良"按钮，然后选择站场图上的道岔或区段。如果选择的是道岔，左键操作方式只能设置岔前分路不良。

（5）右键操作方式。右击道岔或区段，弹出分路不良操作菜单。如图 8－116 所示为道岔定位设置分路不良。

注意：当出现分路不良的区段则需要车站值班员及时地进行确认空闲，否则自动排路将会失效。确认空闲操作采用右键方式，选中道岔或区段右键后点击"空闲"即可，如图 8－117 所示。

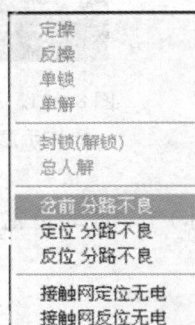

图 8－116　轨道电路分路不良操作示意图（二）　　　图 8－117　轨道电路分路不良操作示意图（三）

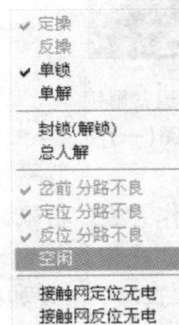

9. 股道有、无电设置

（1）功能与意图。设置股道接触网供电状态，防止电力机车牵引的列车进入无电区段。

（2）站场图表示。无电的股道被一条细细的蓝色线包围。

（3）操作设备。股道。

（4）左键操作方式。没有左键方式。

（5）右键操作方式。右击股道，弹出接触网无电操作菜单，如图 8－118 所示。

无电状态如图 8－119 所示。

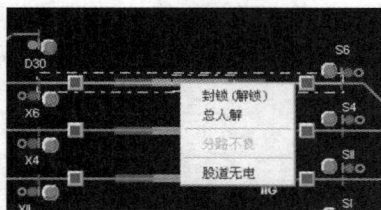

图 8－118　股道有、无电设置示意图（一）　　　图 8－119　股道有、无电设置示意图（二）

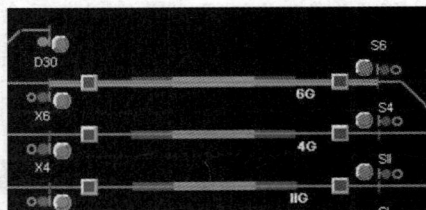

特别说明：道岔及区段虽然在左键菜单里有"有电、无电"设置，但是该功能不可使用，请勿擅自使用。

10. 特殊联锁功能按钮的使用（破封按钮）

功能与意图，如图 8－120 所示。

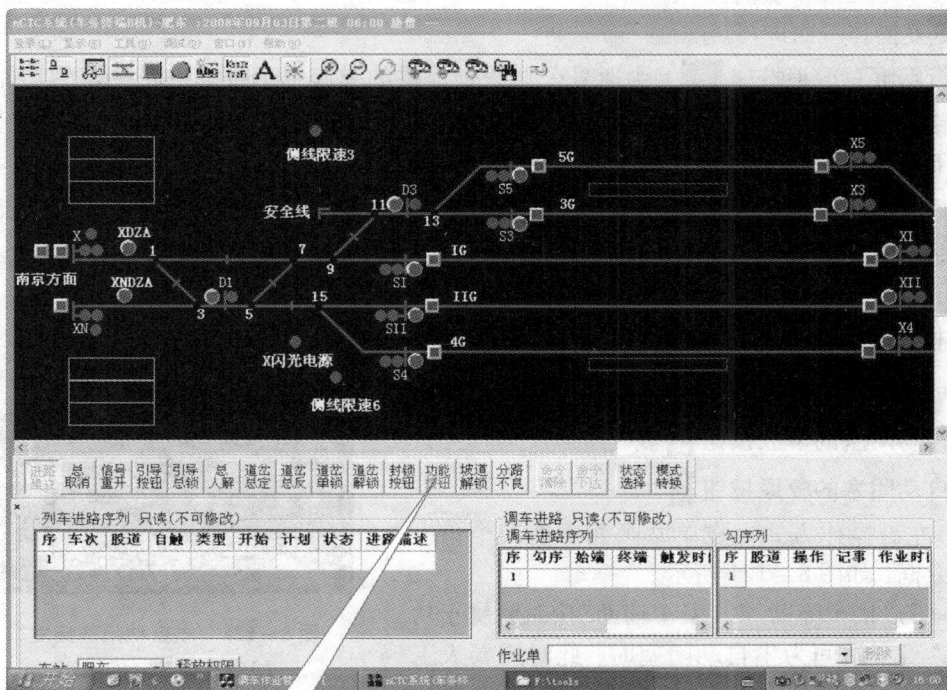

图 8 – 120　特殊联锁功能按钮操作示意图

11. 半自动闭塞接发车辅助办理

（1）操作设备。站场图上的特殊功能按钮。

总辅助 ![总辅助]：改区间运行方向出问题时使用，为非自复式按钮，按下后如果要弹起此按钮，重复操作一次即可。

接车辅助 ![接车辅助]：改区间运行方向出问题时使用。

发车辅助 ![发车辅助]：改区间运行方向出问题时使用。

下行允许改方 ![下允许改方]：改区间运行方向时使用，为非自复式按钮，按下后如果要弹起此按钮，重复操作一次即可；

清除按钮 ![清除]：为微联公司联锁提供的弹起单个按下进路按钮的功能，CTC 排列进路发送到联锁是双按钮同时发的，如果由于某些非正常因素导致联锁上有单个进路按钮被按下的时候，可通过操作此按钮，抬起按下的进路按钮。

语音暂停 ![语音暂停]：为微联公司联锁提供的清除语音报警的功能。

上下行允许改方 ：改区间运行方向时使用，为非自复式按钮，按下后如果要弹起此按钮，重复操作一次即可。

下行咽喉总取消按钮 ：为通号公司联锁提供的弹起单个按下进路按钮的功能，CTC排列进路发送到联锁是双按钮同时发的，如果由于某些非正常因素导致联锁上有单个进路按钮被按下的时候，可通过操作此按钮，抬起按下的进路按钮。

上行咽喉总取消按钮 ：为通号公司联锁提供的弹起单个按下进路按钮的功能，CTC排列进路发送到联锁是双按钮同时发的，如果由于某些非正常因素导致联锁上有单个进路按钮被按下的时候，可通过操作此按钮，抬起按下的进路按钮。

上电解锁按钮 ：为通号公司联锁提供的上电解锁的功能。

半自动闭塞的闭塞按钮 。

半自动闭塞的事故按钮 。

半自动闭塞的复原按钮 。

（2）左键操作方式。在单站画面中的四个角上有四个方框，如图8－121所示。

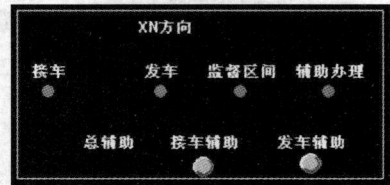

这里的"接车辅助"和"发车辅助"按钮就属于功能按钮，当车站间为半自动闭塞时，此时需要人工辅助接发车。功能按钮操作只能通过CTC工具条的

图8－121　半自动闭塞接发车
辅助办理示意图（一）

方式实现。站场图上各个功能按钮对密码的要求是不一样的，有些需要输入两次密码，有些需要输入一次密码。首先点击工具条上的 ，此按钮变为 ，此时此命令已被选中。将鼠标移至站场图的功能按钮上，如图8－122所示，此时鼠标变为十字形，同时按钮及其名称为高亮状态，说明此按钮可以进行当前命令操作。

按下鼠标左键，按钮呈蓝色，并有一定时间的闪烁，如图8－123所示。

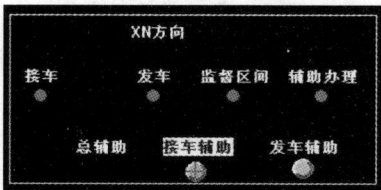

图8－122　半自动闭塞接发车辅助办理示意图（二）

图8－123　半自动闭塞接发车辅助办理示意图（三）

此时可以通过CTC工具条上的 这两个按钮，或通过站场图上右键菜单 ，分别实现"命令下达"和"命令清除"的功能。

（3）右键操作方式。没有右键操作方式。

12. 反方向行车操作

反向行车也需要使用功能按钮，并有密码保护，具体操作如下：

在单站画面中选中CTC工具条上的"功能按钮"，将鼠标移至"X允许改方"（下行咽喉需要办理反向行车）或"S允许改方"（上行咽喉需要办理反向行车）按钮上，当鼠标变为十字形，并且按钮文字背景为高亮时表明此时可以按下此按钮了，如图8－124所示。

图8－124　反方向行车操作示意图（一）

此时按下鼠标左键，弹出密码输入框，此操作需要输入一次密码，密码输入正确后，"允许改方"按钮呈按下状态，如图8－125所示。

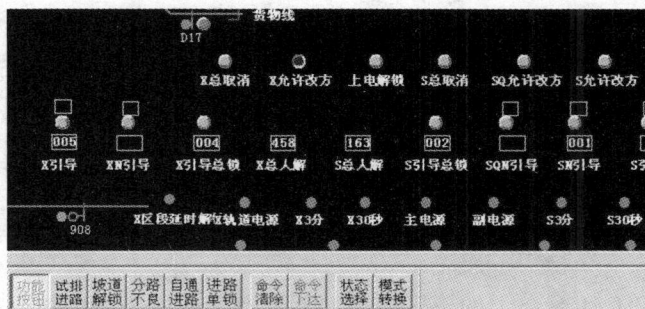

图8－125　反方向行车操作示意图（二）

此时CTC工具条上的"命令下达"按钮呈可按下状态，进行命令下达操作后，"允许改方"按钮变为红色，表示此时可以办理反向行车进路了，如图8－126所示。

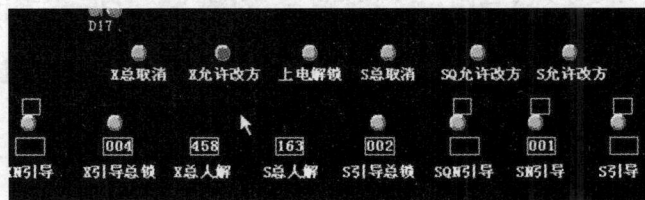

图8－126　反方向行车操作示意图（三）

这时即可以通过按始端、终端按钮办理反向行车了，此时也可以通过进路序列自动办理反向行车。

如果不再需要办理反向行车，就重新使用"功能按钮"对允许改方的按钮操作一遍，命令下达执行后"允许改方"按钮由红色变为正常状态，表明现在已经不能办理反向行车了。

13. 上电解锁

在车站联锁复位（停电恢复）后，为了保证安全，所有道岔及信号设备全部处于锁闭状态，为了解锁方便，在确认行车安全的前提下，可以办理"上电解锁"命令。

该功能只有在联锁系统提供该功能的车站方可使用。

此功能只有在单站画面中使用,并且只能由 CTC 工具条的方式实现。在单站画面中的下方有一个"上电解锁"按钮,如图 8 – 127 所示。

图 8 – 127   上电解锁操作示意图(一)

点击 CTC 工具条上的"功能按钮",将鼠标移至单站画面的上电解锁按钮上,当鼠标呈十字形,并且按钮显高亮时表明可以按下此按钮。按下鼠标左键,此时按钮呈蓝色,并有一定时间的闪烁,如图 8 – 128 所示。

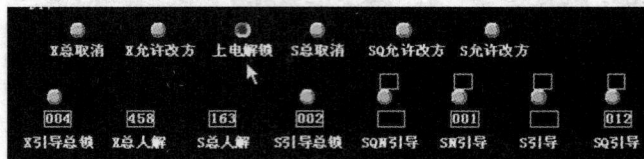

图 8 – 128   上电解锁操作示意图(二)

此时可以通过 CTC 工具条上的 ▢▢ 这两个按钮,或通过站场图上右键菜单 ▢ ,分别实现"命令下达"和"命令清除"的功能。当下达了此命令后,如果成功执行,"上电解锁"按钮呈红色,如图 8 – 129 所示。

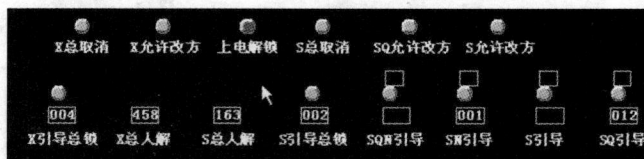

图 8 – 129   上电解锁操作示意图(三)

14. 坡道解锁(密码)

(1)功能与意图。在含有 6‰坡道的车站,当列车进站后接车进路解锁后相关延续进路的需要延时 3 min 自动解锁,此时如果值班员确认列车已经停稳可进行坡道解锁操作使延续进路立即解锁,这时由车站值班员保证行车安全。

(2)站场图表示。延续进路被取消。

(3)操作设备。出站信号机的列车按钮。

(4)左键操作方式,如图 8 – 130 所示。

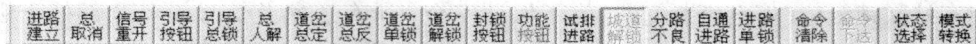

图 8 – 130   坡道解锁操作示意图(一)

选择"坡道解锁"按钮，系统弹出密码输入框，如图 8 - 131 所示。

输入正确的密码，然后选择站场图上进路的出站信号机的列车按钮。

(5)无右键操作方式。

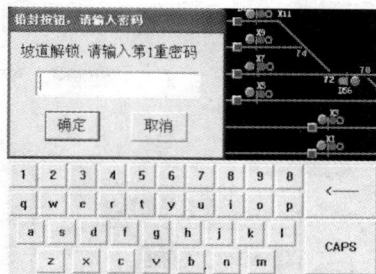

图 8 - 131 坡道解锁操作示意图(二)

8.5 车次号操作实验

8.5.1 实验目的

掌握 CTC 条件下车次号操作知识。

8.5.2 实验操作说明

本实验指导书是结合轨道运输实训模拟仿真教学系统编写而成的，该系统功能及操作基本类似一线使用的 Casco 公司系列产品，除此之外还具备一些教学考核、模拟事故等工作环境的功能。

一般情况下，每个红光带上均有一个车次窗，用来指示正在运行列车的车次及早晚点时分，同时带有运行方向，如图 8 - 132 所示。

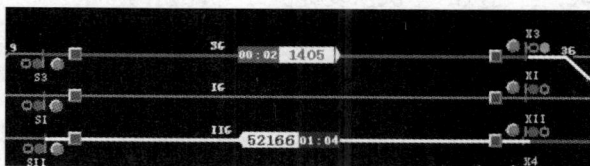

红色 1405 表示正在运行列车的车次号，紧跟在车次号的背景如00：02 表示本次车的早晚点时分。箭头表示列车运行方向。

图 8 - 132 车次窗

通常情况下，车次号为红色时，表示本车次为客车，蓝色表示为普通货车。早晚点为蓝背景表示本次车晚点，红背景表示早点。车次号中出现 E 开头的时候，表示本次车号是由系统随机产生的，不是经过无线车次号校核或调度员输入的，需要人工及时修正。CTC 对车次号丢失的列车未输入车次号时，通过无线车次号校核也能自动匹配车次号，但是此车次需要人工确认，否则该列车将无法自动排路，同时有报警提示。

无论是在单站画面下，还是在区段画面下，均可以对站场图中的车次号进行操作。当将鼠标移动到任何一个车次窗位置时，鼠标变为 ，这时单击鼠标右键，出现如图 8 - 133 所示的菜单选项。

将鼠标移到删车次号菜单上并点击，出现如图 8 - 134 所示的对话框，同时所操作的车次窗将出现闪烁现象，所有对车次号的相关操作，被操作的车次窗均会闪烁以提醒用户。

当明确要删除的车次号无误时，单击"确定"就可以删除被选定的车次号。

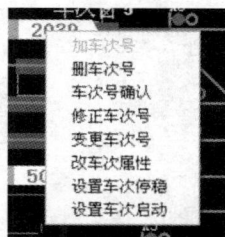

图 8 - 133 车次编辑菜单

当点击车次号确认选项时，此时出现如图 8 – 135 所示的画面。

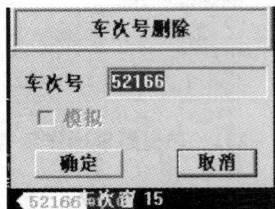

图 8 – 134　车次号编辑示意图（一）

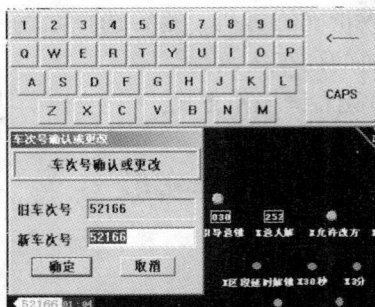

图 8 – 135　车次号编辑示意图（二）

在车次号确认或更改对话框的下（上）面有一个软键盘，此键盘是方便操作而设计的，←表示回退删除键。在新车次号的输入框中输入车次号，并点击确定。如果新旧车次号相同，表示车次号确认，否则表示车次号更改。

注：当两辆车紧跟踪运行时，后面的车次号会放大两倍闪烁，此时可通过车次号确认功能确认，当确认后车次恢复原大小并停止闪烁。

修正车次号完成和车次号确认一样的功能。

变更车次号：弹出的对话框和车次号确认一样，但是其原理却不同，变更车次号操作是先将原车次号删除，然后再添加一个新的车次号。

更改车次属性时，出现如图 8 – 136 所示的对话框。

填入相应的机车速率、机车号后，如果是电力机车，则将"电力牵引"的选择框选中点击确定（现在对于 CTC 系统，添入机车速率和机车号并没有作用）。

车次号变为红色边框。 表示此车为电力机车。

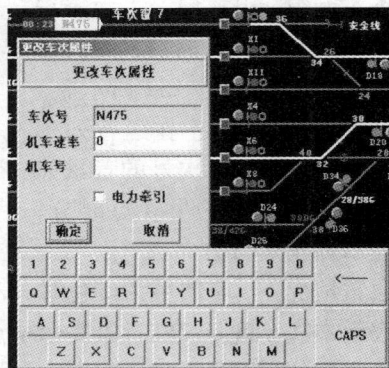

图 8 – 136　车次号编辑示意图（三）

如果需要人工添加（预加）车次号时，需要将鼠标移至股道或区间上，鼠标变为小手，如图 8 – 137 所示。

图 8 – 137　车次号编辑示意图（四）

此时点击鼠标右键，其中的第一项菜单便是"加车次号"，点击此菜单，出现如图 8 – 138 所示的界面，此时将车次填入车次号框中，如果是电力机车，则选中"电力牵引"框，点击"确定"完成添加车次操作。

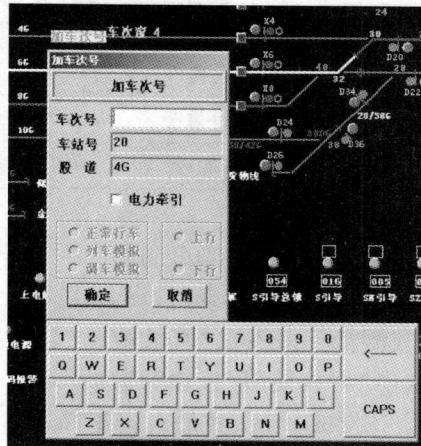

图 8 – 138　车次号编辑示意图(五)

8.6　进路序列管理实验

8.6.1　实验目的

掌握 CTC 设备的进路管理知识。

8.6.2　实验操作说明

本实验指导书是结合轨道运输实训模拟仿真教学系统编写而成的,该系统功能及操作基本类似一线使用的 Casco 公司系列产品,除此之外还具备一些教学考核、模拟事故等工作环境的功能。

在站场显示的下方是本站的进路序列窗(此进路序列窗也可拖动到其他位置),如图 8 – 139 所示。

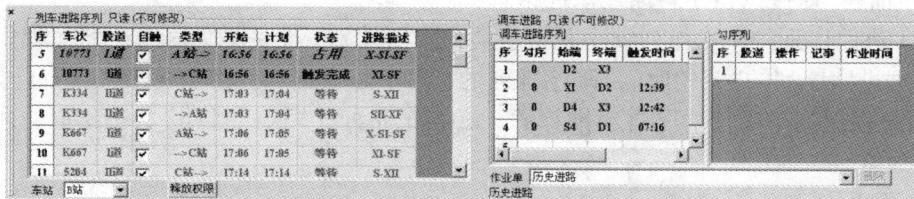

图 8 – 139　进路序列窗

一般地,左侧是列车进路序列显示,右侧是调车进路序列显示。

车站处于不同的控制模式,车务终端对进路序列具有不同的操作权限,如表 8 – 1 所示。

表 8 - 1　进路操作权限

控制模式	列车序列	调车序列
中心控制	不可修改	不可修改
分散自律	不可修改	可修改
车站控制	可修改	可修改

在车站控制模式下，车务终端和信号员终端之间同时只能有一个具有修改进路序列的权限，但两者可以相互转换。转换方法是：原来有权限的一方点击"释放权限"按钮，需要获得权限一方点击"释放权限"按钮旁边

图 8 - 140　进路操作权限释放

的下拉框，使本站站名出现在下拉框的下方，然后点击本站站名后，进路序列会出现刷新的过程，这样进路序列即可变成"可修改"状态，具备了进路序列操作权限，如图 8 - 140 所示。

1. 概述

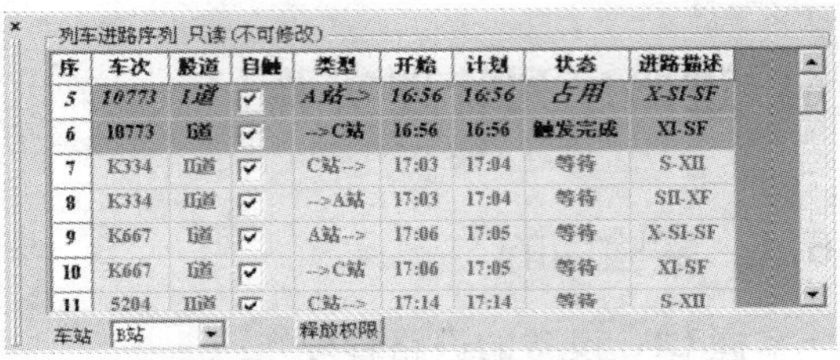

列车进路序列窗显示中心行调下发到自律机的计划进路，如图 8 - 141 所示。

各主要列含义：

"车次"说明该进路的列车车次；

"股道"说明该进路的股道信息；

"自触"说明该进路是自动触发还是需

图 8 - 141　进路管理操作示意图（一）

人工触发（自触打钩标明要求 CTC 系统根据列车运行情况和车站信号设备情况，在合适时机发送指令给联锁设备，办理接发车进路）；

"类型"说明该进路是接车进路、发车进路还是通过进路；

"开始"是根据计划时间和实际列车运行情况估算的该进路预计开始时间；

"计划"是中心调度制定的计划时间；

"状态"说明该进路是等待触发还是已触发完成。进路的状态用不同的颜色表示：计划进路用黄色，正在办理和已经办理好的进路用绿色表示，已经出清的进路用灰色表示；

"进路描述"通过按钮序列描述该进路。

注：①进路序列的车次排列顺序并不总是和阶段计划完全一致，因为进路序列中的进路排列是根据进路序列的"开始时间"降序排列的，而不是根据"计划时间"排序。"开始时间"是 CTC 系统根据列车运行情况自动推算的。②当车站处于"人工排路"状态下时，列车计划进路序列为空。

2. 主要操作

在列车进路序列处于可修改状态下，值班员可以修改列车进路接发车股道、选择是否"自触"、人工触发进路、删除不需要的列车进路和查看进路明细。

（1）修改进路股道（见图 8 - 142）。点击需要修改股道的列车进路的股道栏，会出现股道选择列表，选择新股道后，在进路序列其他地方再点击鼠标左键一下，系统会自动更新该进路的股道，同时更新该进路的股道描述。如图 8 - 143 所示，N436 的接发车进路股道均改为 3 股。

列车进路序列 可修改

序	车次	股道	自触	类型	开始	计划	状态	进路描述
1	D493	I道		通过	14:05	14:05	触发完成	X-SN
2	N436	3道		C站->	14:11		等待	S-X3
3	N436	I道/II道/3道/4道/5道		->A站	14:14	14:14	等待	S3-XN
4	T756			A站->	14:44	14:44	等待	S-XI
5	T756			A站->	14:44	14:44	等待	SI-XN
6	T988			A站->	15:43	15:43	等待	S-XI
7	T988			->C站	15:43	15:43	等待	SI-XN

车站 B站　释放权限

图 8 – 142　进路管理操作示意图（二）

列车进路序列 可修改

序	车次	股道	自触	类型	开始	计划	状态	进路描述
1	D493	I道		通过	14:05	14:05	触发完成	X-SN
2	N436	3道		C站->	14:11	14:11	等待	S-X3
3	N436	3道		->A站	14:14	14:14	等待	S3-XN
4	T756	I道		A站->	14:44	14:44	等待	S-XI
5	T756	I道		->C站	14:44	14:44	等待	SI-XN
6	T988	I道		A站->	15:43	15:43	等待	S-XI
7	T988	I道		->C站	15:43	15:43	等待	SI-XN

车站 B站　释放权限

图 8 – 143　进路管理操作示意图（三）

（2）选择进路是否自动触发。点击需要修改的列车进路的自触栏即可，如图 8 – 144 所示，N436 改为自动触发。当列车满足触发时机，CTC 系统将自动为列车办理进路。

（3）人工触发进路。选中需要触发的列车进路，点击右键，在右键菜单中选择"人工触发"菜单项，在弹出的对话框中选择"是"按钮，如图 8 – 145、图 8 – 146 所示。

列车进路序列 可修改

序	车次	股道	自触	类型	开始	计划	状态	进路描述
1	D493	I道		通过	14:05	14:05	触发完成	X-SN
2	N436	I道	☑	C站->	14:11	14:11	等待	S-X3
3	N436	3道	☑	->A站	14:14	14:14	等待	S3-XN
4	T756	I道		A站->	14:44	14:44	等待	S-XI
5	T756	I道		->C站	14:44	14:44	等待	SI-XN
6	T988	I道		A站->	15:43	15:43	等待	S-XI
7	T988	I道		->C站	15:43	15:43	等待	SI-XN

车站 B站　释放权限

图 8 – 144　进路管理操作示意图（四）

列车进路序列 可修改

序	车次	股道	自触	类型	开始	计划	状态	进路描述
1	D493	I道		通过	14:05	14:05	触发完成	X-SN
2	N436	3道	☑	删除	14:11	14:11	等待	S-X3
3	N436	3道	☑	人工触发	14:14	14:14	等待	S3-XN
4	T756	I道		修改	14:44	14:44	等待	S-XI
5	T756	I道		站场显示	14:44	14:44	等待	SI-XN
6	T988	I道		A站->	15:43	15:43	等待	S-XI
7	T988	I道		->C站	15:43	15:43	等待	SI-XN

车站 B站　释放权限

图 8 – 145　进路管理操作示意图（五）

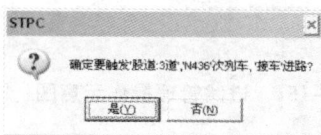

STPC
? 确定要触发"股道：3道"，N436次列车，接车进路？
是(Y)　否(N)

图 8 – 146　进路管理操作示意图（六）

如图 8 – 147、图 8 – 148 所示，N436 正在触发、触发完毕时列车进路序列会发生相应变化。

列车进路序列 可修改

序	车次	股道	自触	类型	开始	计划	状态	进路描述
1	D493	I道		通过	14:05	14:05	触发完成	X-SN
2	N436	3道	☑	->C站	14:11	14:11	正在触发	S-X3
3	N436	3道	☑	C站->	14:14	14:14	等待	S3-XN
4	T756	I道		A站->	14:44	14:44	等待	S-XI
5	T756	I道		->C站	14:44	14:44	等待	SI-XN
6	T988	I道		A站->	15:43	15:43	等待	S-XI
7	T988	I道		->C站	15:43	15:43	等待	SI-XN

车站 B站　释放权限

图 8 – 147　进路管理操作示意图（七）

列车进路序列 可修改

序	车次	股道	自触	类型	开始	计划	状态	进路描述
1	D493	I道		通过	14:05	14:05	触发完成	X-SN
2	N436	3道		->C站	14:11	14:11	触发完成	S-X3
3	N436	3道	☑	C站->	14:14	14:14	等待	S3-XN
4	T756	I道		A站->	14:44	14:44	等待	S-XI
5	T756	I道		->C站	14:44	14:44	等待	SI-XN
6	T988	I道		A站->	15:43	15:43	等待	S-XI
7	T988	I道		A站->	15:43	15:43	等待	SI-XN

车站 B站　释放权限

图 8 – 148　进路管理操作示意图（八）

（4）删除进路。选中需要删除的列车进路，点击右键，在右键菜单中选择"删除"菜单项，在弹出的对话框中选择"是"按钮，如图8－149、图8－150所示。

图8－149　进路管理操作示意图（九）　　　　　　图8－150　进路管理操作示意图（十）

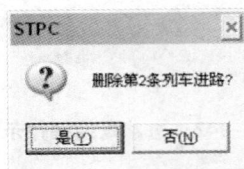

（5）查看进路明细。选中需要查看的列车进路，点击右键，在右键菜单中选择"修改"菜单项，就可通过弹出的对话框查看该进路详细信息，如图8－151所示。

图8－151　进路管理操作示意图（十一）

8.7　调度命令的操作管理实验

8.7.1　实验目的

掌握 CTC 系统条件下调度命令的操作管理。

8.7.2　实验操作说明

本实验指导书是结合轨道运输实训模拟仿真教学系统编写而成的，该系统功能及操作基本类似一线使用的 Casco 公司系列产品，除此之外还具备一些教学考核、模拟事故等工作环境的功能。

车务终端调度命令主要包括三个部分：车站接收调度台下发的调度命令，车站向调度台发送请求调度命令和车站向机车发送无线机车调度命令。

1. 签收调度命令

当车务终端接收到调度台发送的调度命令时，站场图和行车日志的"调度命令"按钮会闪红光，同时有语音提示，说明已收到调度命令，值班员应签收此调度命令，如图 8 – 152 所示。

图 8 – 152　调度命令操作管理示意图（一）

值班员点击"调度命令"按钮后弹出调度命令签收对话框，如图 8 – 153 所示。

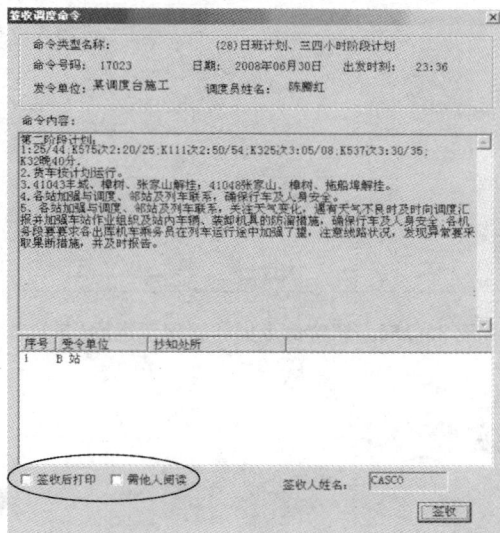

图 8 – 153　调度命令操作管理示意图（二）

此时，值班员姓名显示当前登录的值班员（如果姓名不对应重新登录），按下"签收"按钮后就已签收此条调度命令。

如果此条调度命令需要他人阅读，可在"需他人阅读"前打钩后签收，当用户重新登录时会提示可能有调度命令需要阅读。

如图 8 – 153 所示，如果车站值班员需马上打印出调度命令，则可在"签收调度命令"窗口中的"签收后打印"前的小白窗口中打钩，则该调度命令成功签收后就直接打印出来。

2. 调度台下发调度命令管理

在调度命令管理对话框中左边选择"车站"，然后选择查询时间范围，就会将该时间范围内收到的调度命令显示出来。

已签收的调度命令为红色，未签收的调度命令为蓝色，拒收的调度命令为黑色。值班员可签收未签收的调度命令，可阅读需要阅读的调度命令，也可修改阅读状态（如开始需要阅读和终止阅读）。

注：如果对已签收的调度命令再次执行签收，会修改该调度命令的签收时间和签收人。

如图 8 – 154 所示，车站值班员查阅了该调度命令后，如需打印，则可用鼠标点击"打印"按钮，调度命令便可直接打印出来。

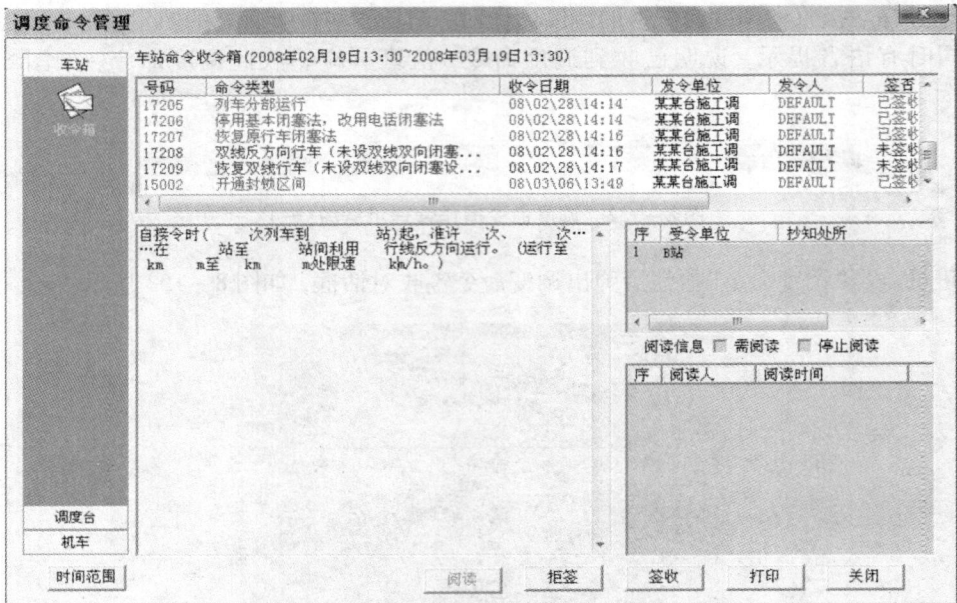

图 8 – 154 调度命令操作管理示意图(三)

8.8 阶段计划签发实验

8.8.1 实验目的

掌握 CTC 系统条件下阶段计划的签发与管理。

8.8.2 实验操作说明

本实验指导书是结合轨道运输实训模拟仿真教学系统编写而成的,该系统功能及操作基本类似一线使用的 Casco 公司系列产品,除此之外还具备一些教学考核、模拟事故等工作环境的功能。

调度员随时将近期调整阶段计划下发给车站。

当调度中心下发阶段计划后,阶段计划签收按钮将会闪烁,同时有语音提示,说明已收到阶段计划,值班员应签收此阶段计划,如图 8 – 155 所示。

图 8 – 155 阶段计划管理操作示意图(一)

值班员点击"阶段计划签收"按钮后弹出阶段计划签收对话框,如图 8 – 156 所示。
当用户签收后,已签收的阶段计划会显示在行车日志中。

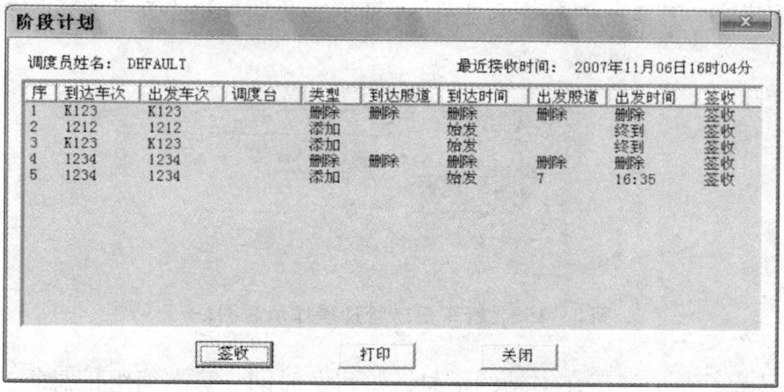

图 8 - 156　阶段计划管理操作示意图（二）

8.9　行车日志管理实验

8.9.1　实验目的

掌握 CTC 系统条件下行车日志的管理知识。

8.9.2　实验操作说明

本实验指导书是结合轨道运输实训模拟仿真教学系统编写而成的，该系统功能及操作基本类似一线使用的 Casco 公司系列产品，除此之外还具备一些教学考核、模拟事故等工作环境的功能。

行车日志是车务终端重要的组成部分，车站值班员用来记录列车的到发时刻、编组信息和电话记录等信息。

行车日志分为两个部分：表头和表体。

表头显示行车日志标题（包括运统报表类别、车站站名）；左边是当前时间和天气情况（其中天气情况可人工修改，方法是：鼠标点击天气空白处，就出现下拉选择框，即可选择修改）；右边是当前班别内登录过的值班员姓名列表（包括登录时间），其中最后一个为当前值班员，如图 8 - 157 所示。

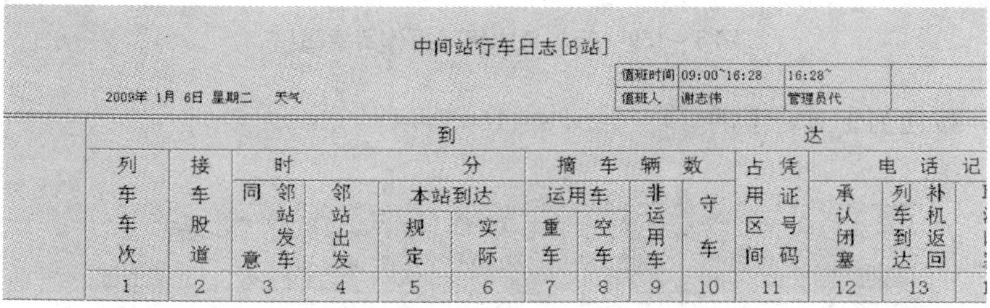

图 8 - 157　行车日志示意图

用户可通过菜单"工具"→"行车日志"→"显示表头"决定是否显示运统报表的表头,如图 8 – 158 所示。

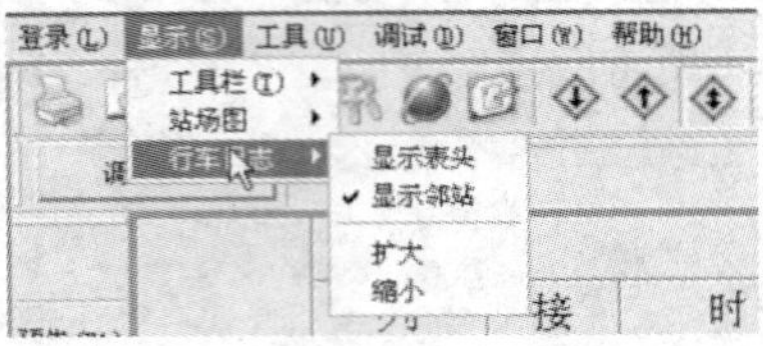

图 8 – 158　行车日志管理操作示意图(一)

运统报表记录了各个列车在本站的信息,如到发时间、基本编组信息等,运统报表缺省时只显示本站实际到发时刻、计划到发时刻、邻站到发时刻、同意发车时间及记事等一些主要信息,但是用户通过视图按钮可最大限制地调整运统报表显示项数。

在行车日志里有两条线:红线和绿线。红线以下为计划中的列车;红线和绿线之间的车次为本站正在办理接发车的列车;红线以上为已经完成接发车的列车,如图 8 – 159 所示。

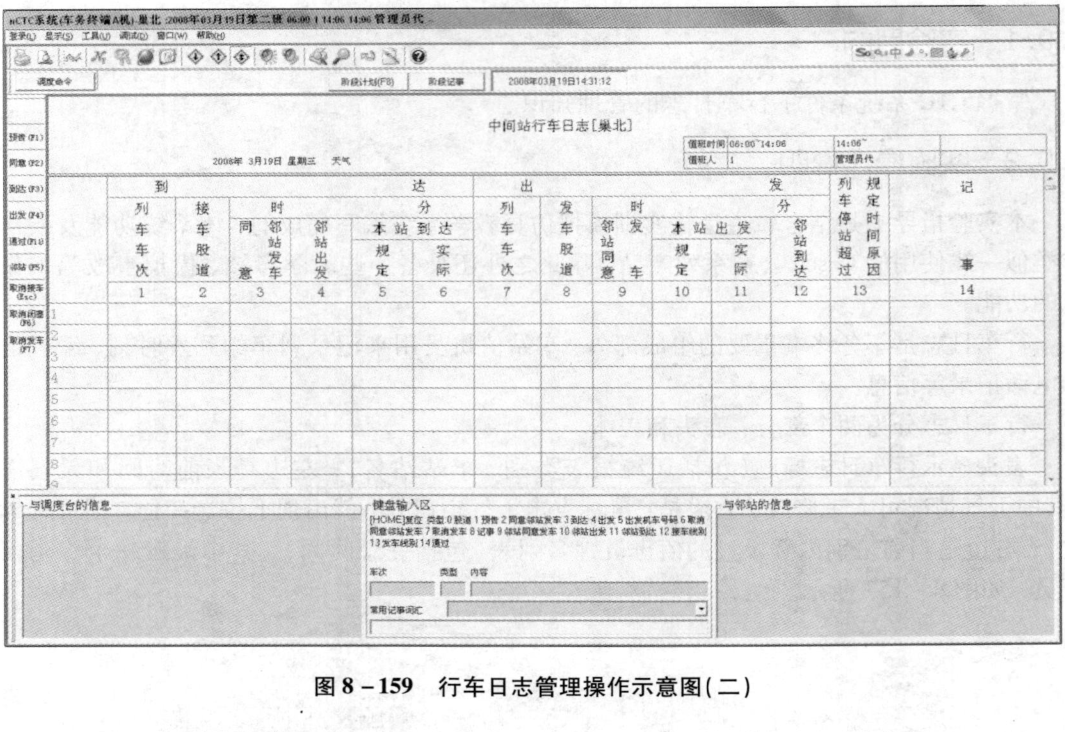

图 8 – 159　行车日志管理操作示意图(二)

"视图"按钮为工具栏上的 ,如图 8 – 160 所示。

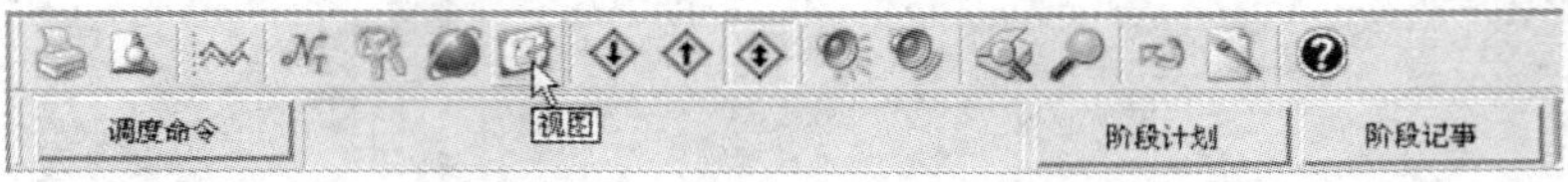

图 8 – 160　行车日志管理操作示意图(三)

点击"视图"按钮后,弹出如8 – 161所示对话框。

用户选择好要显示的选项后,点击"确定"按钮后则打上钩的项会显示在行车日志中。

1. 人工报点

人工报点是车务终端的重要功能,但不应输入错误的报点影响调度中心运行图的绘制。

运统报表在运行过程中自动填写各列车计划到达时刻、计划出发时刻、邻站出发时刻、邻站到达时刻、本站出发时刻、本站到达时刻等列车运行信息。但值班员也可进行人工报点,具体方法如下:

鼠标点击要报点的列车信息行头的按钮,该行反蓝显示,如图8 – 162所示。

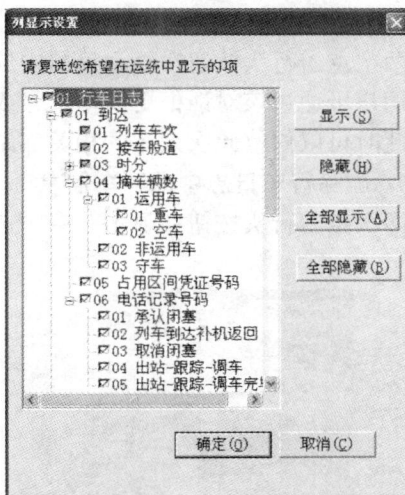

图 8 – 161 行车日志管理操作示意图(四)

图 8 – 162 行车日志管理操作示意图(五)

再次点击该行行头按钮弹出如图8 – 163所示菜单。

选择报相应点"报到达点"、"报出发点"或"报通过点"菜单弹出相应对话框,如图8 – 164所示。

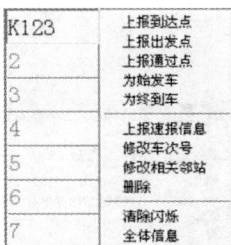

图 8 – 163 行车日志管理操作示意图(六)

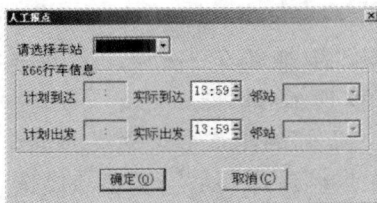

图 8 – 164 行车日志管理操作示意图(七)

填写实际到达点和出发点,如果本站有多个,要选择相应车站。然后点击"确定"就可上报到调度中心并更新运统报表。

2. 上报速报信息

在选中列车的菜单中,有"上报速报信息",如图8 – 165所示。

此功能和先前介绍的人工报点功能一样,只是针对所选中的车次的。

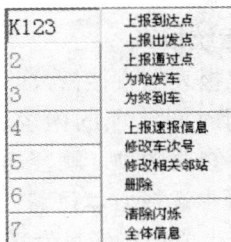

图 8 – 165 行车日志管理操作示意图(八)

3. 修改列车车次号

两次点击行头按钮在显示菜单中选择"修改车次号",弹出如图 8 - 166 所示对话框。用户可通过该对话框更改车次号或改变列车属性。

此时可以修改此次列车的相关邻站信息。

4. 删除行车日志中的列车信息

两次点击行头按钮在显示菜单中选择"删除",弹出如图 8 - 167 所示对话框。

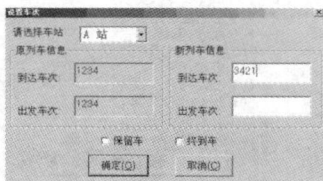

图 8 - 166　行车日志管理操作示意图(九)

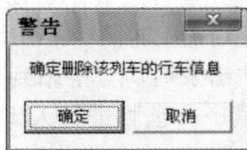

图 8 - 167　行车日志管理操作示意图(十)

点击"确定"后所选中的列车信息被删除。

5. 添加新车

如果用户要添加当前报表不存在的列车信息,可点击工具栏上的 按钮,如图 8 - 168 所示。

图 8 - 168　行车日志管理操作示意图(十一)

点击"增加新车"按钮,弹出如图 8 - 169 所示对话框。

填入正确的车次号、到发时间,选中"上报调度所"后点击"添加"按钮,就可上报该车次到发时间。如果不选中"上报调度所",则只是在行车日志添加一条新记录。

6. 直接修改运统报表

用户可在运统报表上直接修改除了列车车次、计划时间等项的内容,

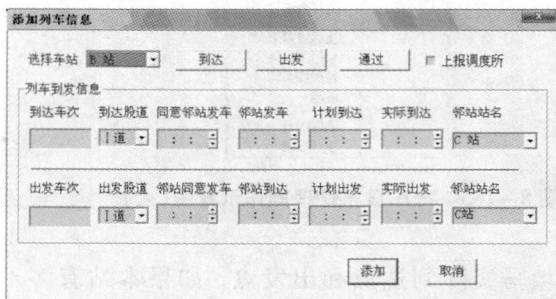

图 8 - 169　行车日志管理操作示意图(十二)

鼠标两次点击需要修改的项,就会出现一个编辑框或下拉选择框,在编辑框中输入内容按"回车"或在下拉框中选择后就可修改该项的内容。如果修改的是本站实际到达时间或本站实际出发时间还会生成报点信息发送给调度所。

注:时间输入时只需输入小时、分钟(格式如08:08),系统会根据当前时间自动判断日期;如果系统判断的日期不正确或希望人工输入日期,可按照年/月/日/时:分的格式输入

（例如 2008/8/8/08：08），但显示还是只显示时分。

7. 邻站预告等操作

在工具栏上有两个喇叭按钮，分别为：同意邻站发车和邻站同意发车按钮，如图 8 - 170 所示。

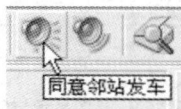

图 8 - 170　行车日志管理操作示意图（十三）

同时在行车日志中的最左面有一列按钮，如图 8 - 171 所示。

（1）预告。在行车日志中选中某趟车后，点击此按钮，则会在行车日志的"邻站同意发车"栏中涂红（客车）或涂蓝（货车），同时将这个预告信息发送给相应的邻站，在前方站的行车日志的"同意邻站发车"一栏也涂红（客车）或涂蓝（货车），如图 8 - 172 所示。

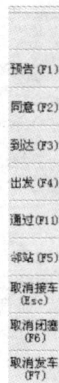

图 8 - 171　行车日志管理操作示意图（十四）

图 8 - 172　行车日志管理操作示意图（十五）

（2）同意。在收到预告信息后，"同意邻站发车"一栏也涂红（客车）或涂蓝（货车），此时选中列车点击"同意"按钮，则将同意时刻的时间点填入行车日志中。

（3）到达、出发、通过。点击此三个按钮则完成选中列车的人工报点功能。

（4）取消接车、取消闭塞、取消发车。点击此三个按钮则将选中列车的相应标志消除。

（5）键盘输入区操作，如图 8 - 173 所示。

"键盘输入区"，值班员可通过此区域修改运统报表，以加快操作速度，方法如图 8 - 174 所示。

在"车次"框输入车次号，后续所有的操作均为针对这趟列车进行。

然后按"回车"，切换到"类型"框，类型框内输入不同的数字，对应不同的类型。

在"类型"框输入相关类型后按"回车"，切换到"内容"框，在"内容"框输入需要输入的信息后按"回车"即可。

类型如下：0 股道；1 预告；2 同意邻站发车；3 到达；4 出发；5 出发机车号码；6 取消同意邻站发车；7 取消发车；8 记事；9 邻站同意发车；10 邻站出发；11 邻站到达；14 通过。

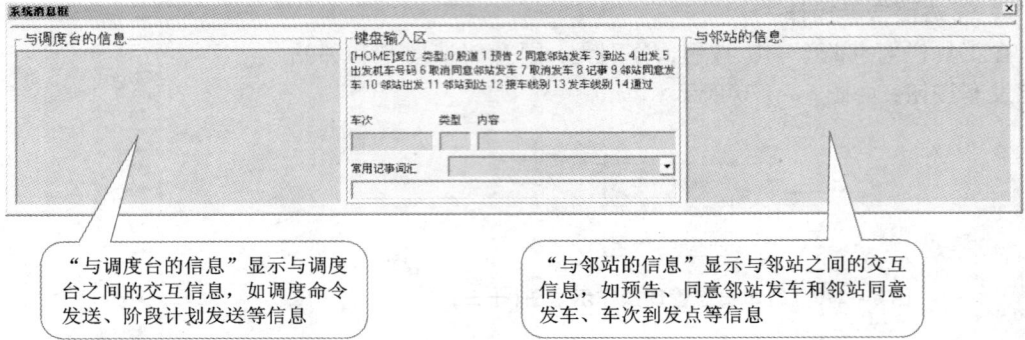

"与调度台的信息"显示与调度台之间的交互信息，如调度命令发送、阶段计划发送等信息

"与邻站的信息"显示与邻站之间的交互信息，如预告、同意邻站发车和邻站同意发车、车次到发点等信息

图 8 - 173　行车日志管理操作示意图(十六)

　　按 HOME 键将焦点切换到"车次"框并将三个编辑框的内容清空。

　　注：预告和同意邻站发车项发送邻站闭塞信息到邻站；到达和出发项发送报点信息到调度中心。

　　示例(见图 8 - 175)。

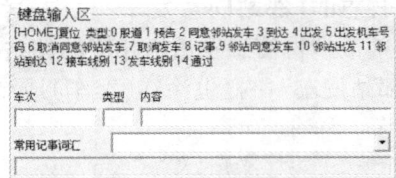

图 8 - 174　行车日志管理操作示意图(十七)

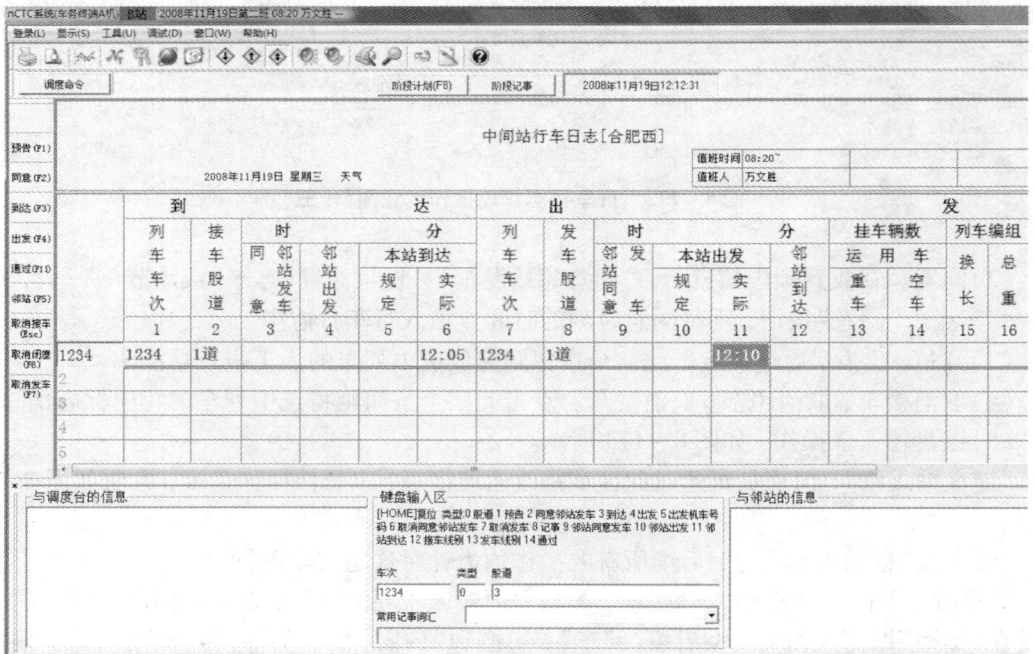

图 8 - 175　行车日志管理操作示意图(十八)

当前有一列车 1234 次，我们要求记录邻站预告时间，如图 8 – 176 所示。

图 8 – 176　行车日志管理操作示意图(十九)

在车次栏输入 1234，在类型栏输入 1，敲回车键后，内容栏标题自动变为"预告"，内容栏自动填入当前时间，也可以再修改这个时间，再次敲回车键，行车日志中该车次的相应栏就填入了这个时间，如图 8 – 177 所示。

图 8 – 177　行车日志管理操作示意图(二十)

其他类型操作与此类似，对于"记事"一栏，还可以使用常用词汇。

(6)图表转换。点击工具栏上的"图表转换"按钮，可以在界面进行"行车日志"和"运行图"之间的转换，按钮如图 8 – 178 所示。

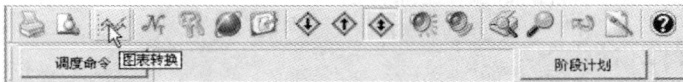

图 8 – 178　行车日志管理操作示意图(二十一)

点击后会出现运行图界面，如图 8 – 179 所示。

再次点击则返回到行车日志界面。

(7)显示上下行。点击工具栏上的三个箭头按钮，则分别可以在行车日志中显示下、上、上下行列车，如图 8 – 180 所示。

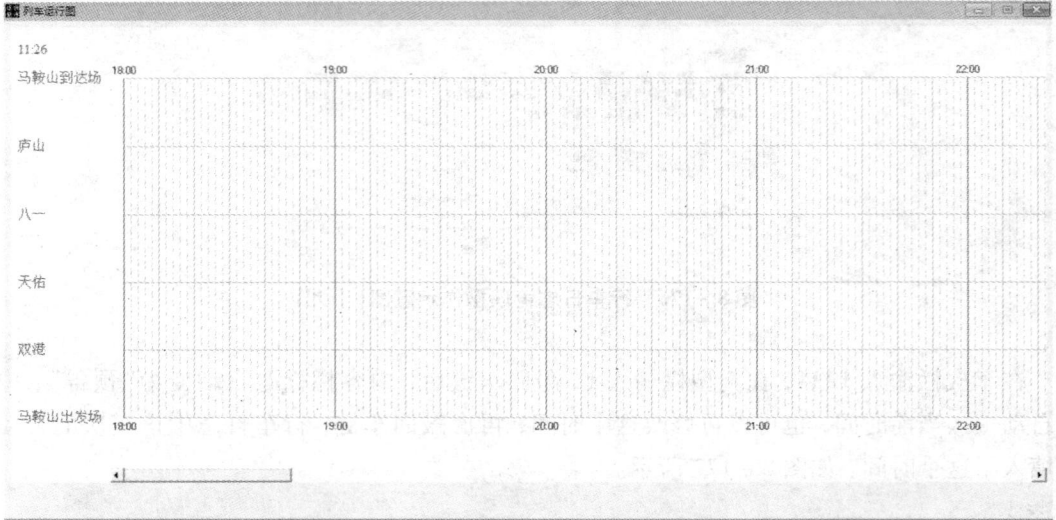

图 8 – 179　行车日志管理操作示意图(二十二)

图 8 – 180　行车日志管理操作示意图(二十三)

8.10　列控系统临时限速实验

8.10.1　实验目的

掌握 CTC 系统条件下列控临时限速操作。

8.10.2　实验操作说明

本实验指导书是结合轨道运输实训模拟仿真教学系统编写而成的,该系统功能及操作基本类似一线使用的 Casco 公司系列产品,除此之外还具备一些教学考核、模拟事故等工作环境的功能。

CTC 系统的列控临时限速功能,是 CTC 系统与通过设于车站的列控中心的通信,控制 LEU 和应答器,结合设于动车组上的车载 ATP、车站联锁、自动闭塞和电码化、机车信号和机车监控装置等设备,实现对动车组的控车。

作为 CTC 系统功能的重要组成部分,CTC 列控临时限速是 C2 区段动车组正常运行的必要前提和可靠保证。

1. 功能与实现

CTC 列控功能可以分为以下几点：

（1）调度台下发临时限速调度命令，车站签收确认。

①施工调度拟订、列车调度员校验调度命令，发送至车站；

②车站值班员收到临时限速调度命令，校验限速内容后签收。

（2）服务器对确认过的限速命令进行存储。

①所有车站签收完毕以后，CTC 系统将调度命令按车站、趟次分解，存储入服务器；

②调度台或车站可以通过界面访问服务器，获得当前已经确认的临时限速列表。

（3）调度台或车站下发临时限速设置。

①有人车站由车站值班员择机发送限速命令至列控中心；

②无人站由调度员择机发送限速命令至列控中心。

（4）限速命令的取消［类似（1）～（3）步］。

（5）车站列控中心的初始化过程。

（6）调度中心或车站直接临时限速（取消）。

（7）站场图上的临时限速实时显示。

（8）车站列控中心状态显示。

（9）具有侧线限速功能。

为了实现以上功能，CTC 系统采取了如图 8 - 181 所示的实现方式。

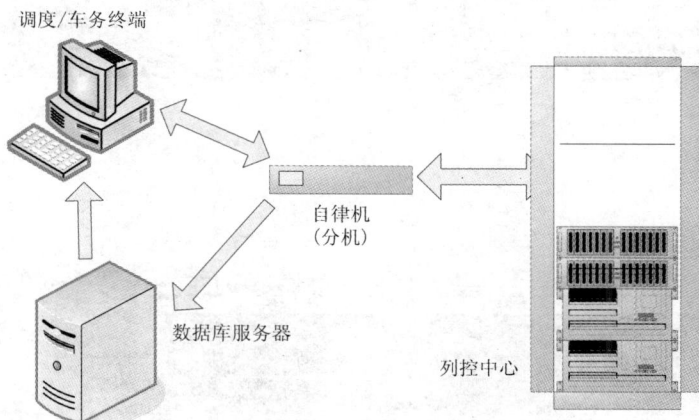

图 8 - 181　CTC 系统的实现形式

2. 车务终端临时限速操作

车务终端是车站设备，车站值班员通过其实现临时限速调度命令的签收，车站直接限速和初始化操作。

3. 临时限速调度命令的签收

当临时限速调度命令下发至车务终端时，车务终端界面提示需要签收新的调度命令，如图 8 - 182 所示，并给出声音报警。

图 8 - 182　限速命令的签收界面（一）

点击后弹出如图 8 – 183 所示菜单。

和一般的调度命令不同，如果调度台下发临时限速调度命令时对本车站需要校验，所以在签收此调度命令之前需要校验限速数据，如图 8 – 183 所示，此时　签收　按钮失效，为灰色。

点击　列控命令管理　按钮则弹出下面的限速命令管理界面，如图 8 – 184 所示。

点击　列控命令查看　按钮，弹出限速命令详细数据对话框，对话框中详细显示了该限速命令的内容，如图 8 – 185 所示。

点击　列控命令校验　按钮，弹出限速数据校验对话框，系统默认按照命令数据自动将数据填入，值班员核对无误后点击确定，即可完成校核，如图 8 – 186 所示。

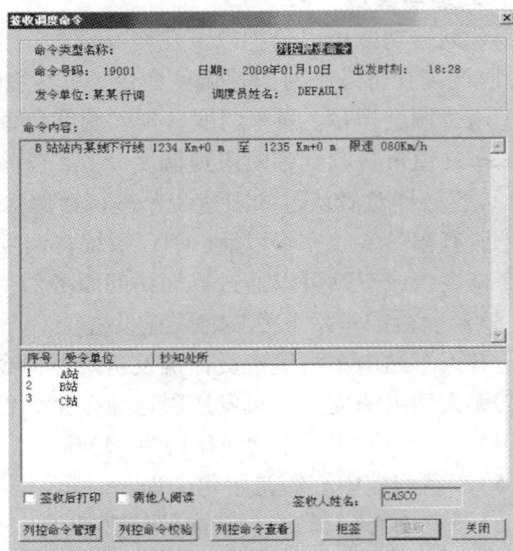

图 8 – 183　限速命令的签收界面（二）

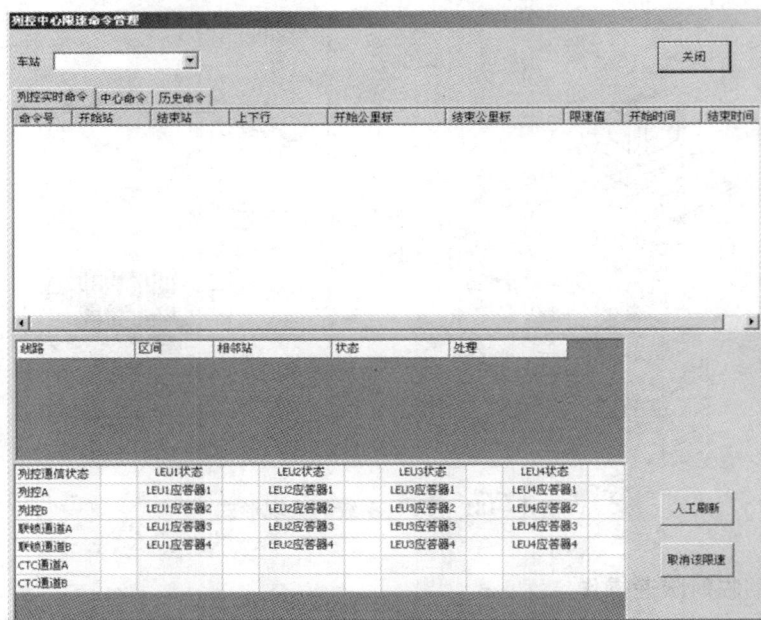

图 8 – 184　限速命令的管理界面（一）

校验成功后，调度命令签收对话框的　签收　按钮变为可按下状态，一般调度命令，值班员点击"签收"按钮即可。

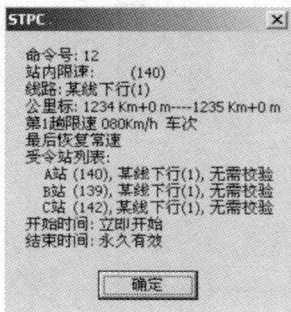

图 8-185　限速命令的管理界面(二)　　　　　图 8-186　限速命令的管理界面(三)

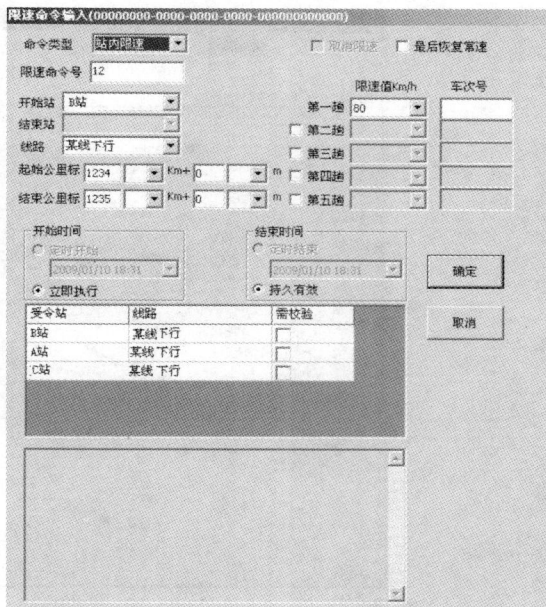

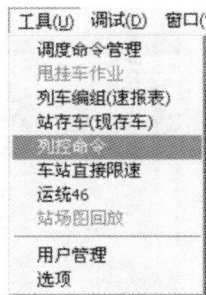

4. 临时限速调度命令管理界面

在运行图界面选择"列控命令"打开"限速命令管理"对话框,如图 8-187 所示。

或者在站场界面选择"列控命令"打开"限速命令管理"对话框,如图 8-188 所示。

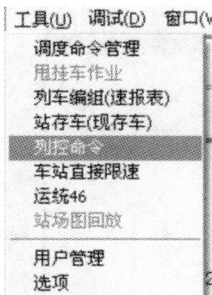

图 8-187　限速命令的管理界面(四)　　　　　图 8-188　限速命令的管理界面(五)

弹出列控命令管理界面如 8-189 所示。

此对话框的最顶端为车站选择对话框,对于调度台,可以选择调度台管辖所有车站,如图 8-190 所示。

下设三个子界面,此三个界面可以通过图 8-191 所示的菜单互相切换。

(1)列控实时命令子界面。"列控实时命令"子界面中显示本车站的列控中心正在执行的限速命令,同时显示列控中心的设备状态,如图 8-189 所示。

实时命令列表中列出了当前车站列控中心中正在执行的命令,如图 8-193 所示。

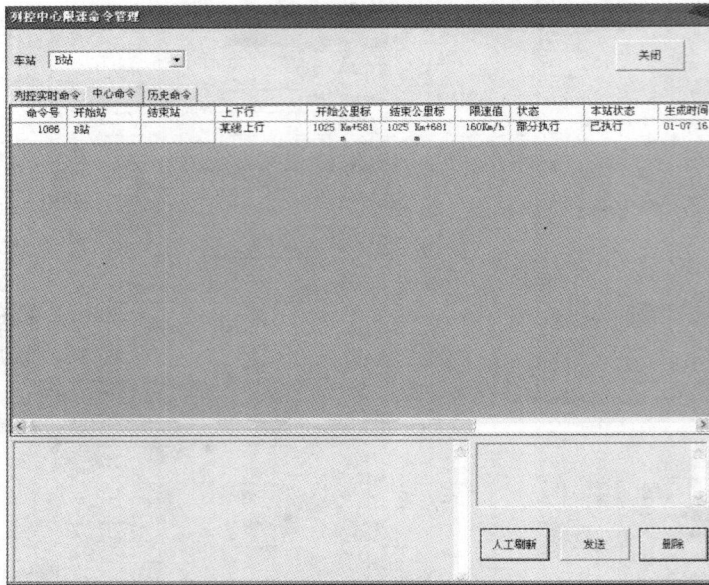

图 8 – 189　限速命令的管理界面(六)

图 8 – 190　限速命令的管理界面(七)

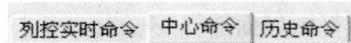

图 8 – 191　限速命令的管理界面(八)

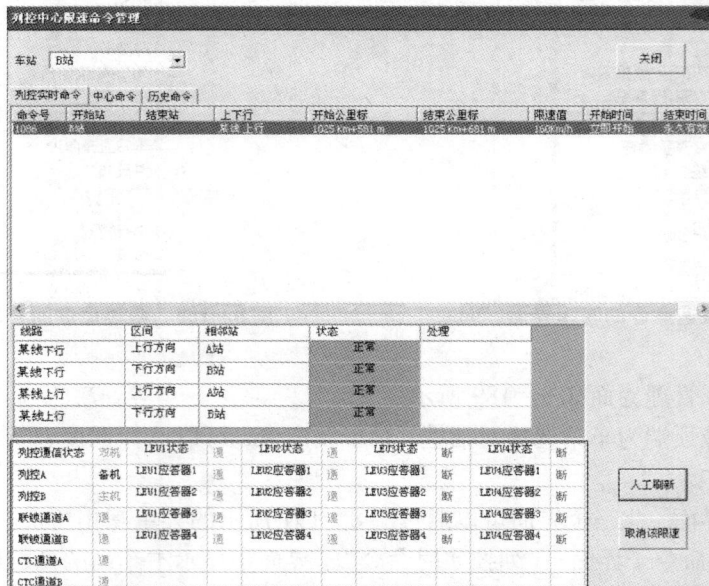

图 8 – 192　限速命令的管理界面(九)

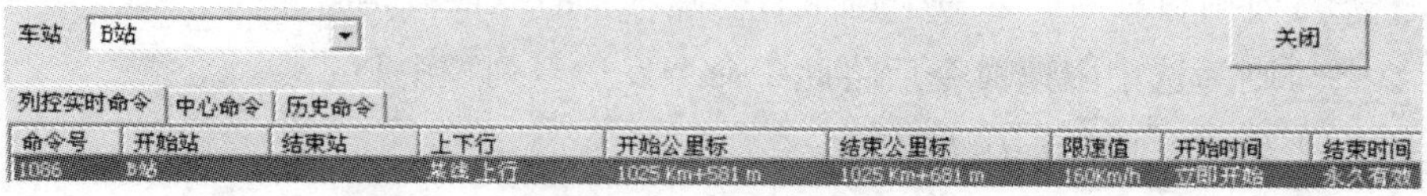

图 8 - 193　限速命令的管理界面(十)

初始化状态列表显示了当前列控中心各出入口设备是否已经初始化,如果有未初始化的区间则需要引起注意并及时进行初始化操作(后面则会说明如何进行初始化操作),如图 8 - 194 所示。

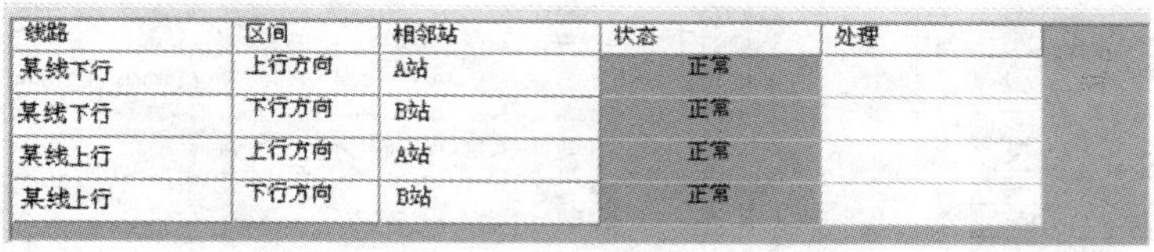

线路	区间	相邻站	状态	处理
某线下行	上行方向	A站	正常	
某线下行	下行方向	B站	正常	
某线上行	上行方向	A站	正常	
某线上行	下行方向	B站	正常	

图 8 - 194　限速命令的管理界面(十一)

列控设备状态列表,如图 8 - 195 所示。

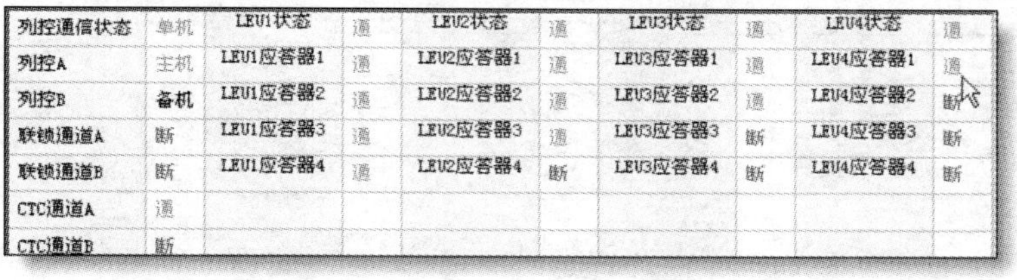

列控通信状态	单机	LEU1状态	通	LEU2状态	通	LEU3状态	通	LEU4状态	通
列控A	主机	LEU1应答器1	通	LEU2应答器1	通	LEU3应答器1	通	LEU4应答器1	通
列控B	备机	LEU1应答器2	通	LEU2应答器2	通	LEU3应答器2	通	LEU4应答器2	断
联锁通道A	断	LEU1应答器3	通	LEU2应答器3	通	LEU3应答器3	断	LEU4应答器3	断
联锁通道B	断	LEU1应答器4	通	LEU2应答器4	断	LEU3应答器4	断	LEU4应答器4	断
CTC通道A	通								
CTC通道B	断								

图 8 - 195　限速命令的管理界面(十二)

点击 人工刷新 按钮可以刷新当前执行的限速命令列表以及列控中心设备状态列表。

点击 取消该限速 按钮可以对选中的命令进行取消操作。在此界面上可查看列控中心状态和进行列控中心初始化操作。

(2)中心命令子界面。中心命令子界面中显示在服务器中存储的限速命令及其状态,如图 8 - 189 所示。

当鼠标选中某条限速确认命令后,左下方的命令显示框中显示此条限速命令的具体情况。而右下方的执行状态框则显示的是最近一条限速命令的下发执行情况,如图 8 - 196 所示。

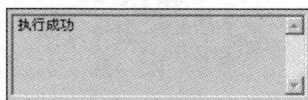

图 8 - 196　限速命令的管理界面(十四)

按钮 ⬚人工刷新 为刷新当前服务器中存储的经确认后的限速命令。

按钮 ⬚发送 则为选中限速命令后将此条命令发送至列控中心。

按钮 ⬚删除 为删除当前选中的限速命令。

（3）历史命令子界面。历史命令则显示本站执行过的历史限速命令，如图 8 - 197 所示。

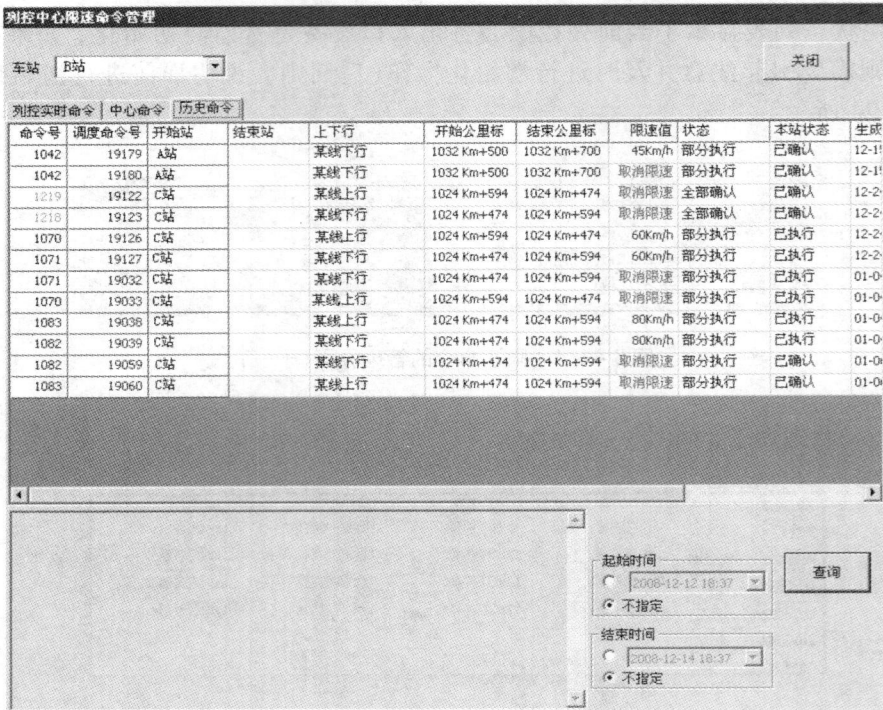

图 8 - 197　　限速命令的管理界面(十五)

5. 临时限速调度命令的执行

当所有受令车站校验并签收限速调度命令完毕后，在服务器上则存储了需要下发至列控中心的限速命令(注意必须是所有车站全部签收后才会在"中心命令"子界面内出现该命令)，此时在车站限速命令管理界面上，选择需要查看的车站后切换到"中心命令"子界面上，此时选中需要下发的确认命令，点击 ⬚发送 按钮或是点击右键，在右键菜单中选择"发送"，如图 8 - 198 所示。

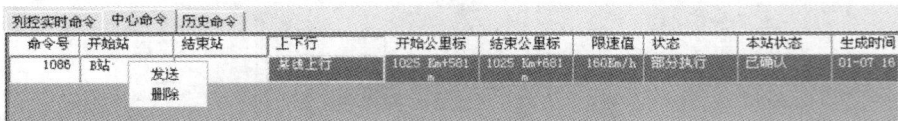

图 8 - 198　　临时限速命令的执行操作示意图界面(一)

此时右下方的执行状态框显示此条命令下发的状态,以下显示了从下发到列控执行成功的提示,如图 8 - 199 所示。

图 8 - 199　临时限速命令的执行操作示意图界面(二)

此时状态栏中则变为"部分执行全部确认",当此条限速命令的受令站执行完毕后,此状态值则变为"全部执行"。

当列控中心成功执行了限速命令后,操作者应切换至限速命令管理对话框中的"列控实时命令"子界面,点击"人工刷新"按钮,查看列控中心正在执行的命令是否为先前设置的命令,当相关车站都执行了此条限速命令后,站场图的限速区段则显示黄色光带,如图 8 - 200 所示。

图 8 - 200　临时限速命令的执行操作示意图界面(三)

此时将鼠标移至黄色光带上则会显示具体的限速信息。

6. 临时限速调度命令执行后的表示

当列控中心成功执行了限速命令后,操作者应切换至限速命令管理对话框中的"列控实时命令"子界面,点击"人工刷新"按钮,查看列控中心正在执行的命令是否为先前设置的命令,当仅部分受令站(全部受令站未完全设置)设置了列控命令后,站场图的限速区域显示黄色闪烁光带,并且限速区段设备名称呈黄色闪烁,将鼠标移至此区域,显示设置车站的站名、限速命令号、限速公里标、限速值以及未设置的车站,如图 8 - 201 所示。

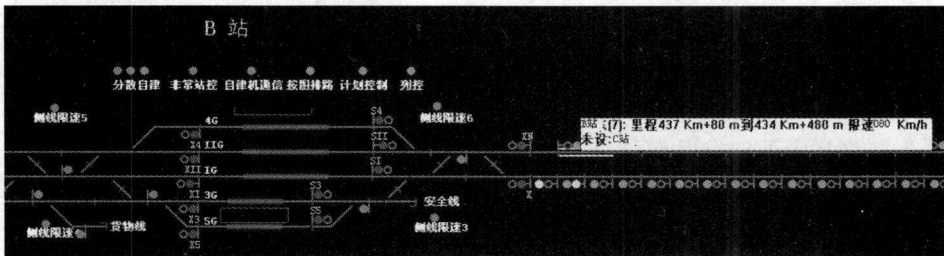

图 8 - 201　临时限速命令的执行状态示意图界面(一)

当所有的受令车站都全部执行了此限速命令后,限速区域的黄色闪烁光带变为稳定的黄色光带,并且限速区段设备名称呈黄色稳定态,将鼠标移至此区域,显示设置车站的站名、限速命令号、限速公里标、限速值,如图8-202所示。

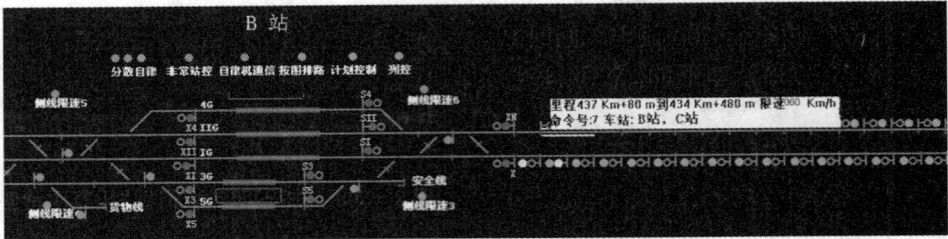

图 8 - 202 临时限速命令的执行状态示意图界面(二)

如果限速范围比较长,且涉及多个车站,在设置或取消过程中,限速区域的黄色光带则会出现部分稳定、部分闪烁的情况,如图8-203所示。

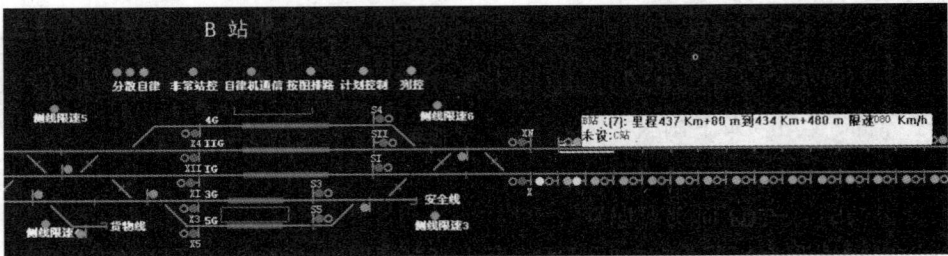

图 8 - 203 临时限速命令的执行状态示意图界面(三)

黄色光带是闪烁还是稳定的原则如下:

与设备区段相关联的列控中心还存在未设置的或已经取消的车站,则设备区段显示黄色闪烁,鼠标移至上面则有未设置站的提示;与设备区段相关联的列控均已经设置了列控命令则黄色光带稳定,鼠标移至上面则有已经设置车站的提示;当与设置区段关联的列控中心均已取消限速,则设备区段的黄色光带消失。

7. 车站直接限速设置

车站值班员在需要时,可以直接设置或取消本站管内的临时限速命令,称为"车站直接限速"。

使用车站直接限速时,点击菜单"工具"→"车站直接限速",如图8-204所示。

由于车站直接限速功能使用需要慎重,值班员应输入双重密码,如图8-205所示。

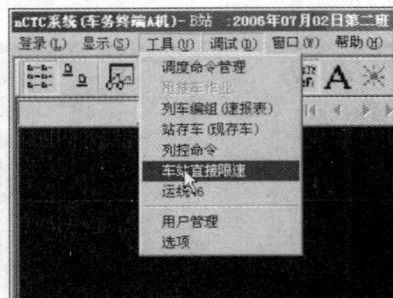

图 8 - 204 车站直接限速操作示意图界面(一)

密码输入正确后则弹出"直接临时限速"对话框，如图 8 - 206 所示。

图 8 - 205　车站直接限速操作示意图界面（二）

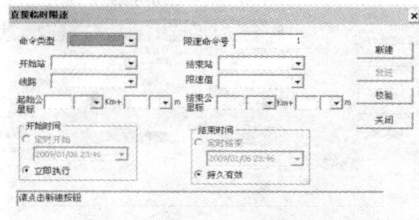

图 8 - 206　车站直接限速操作示意图界面（三）

输入正确的限速信息，如图 8 - 207 所示。

当草拟限速信息输入完毕后，此时还不能下发，还需对限速参数进行人工校验。点击校验按钮，弹出如图 8 - 208 所示对话框。

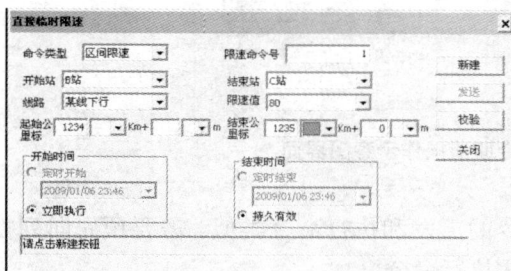

图 8 - 207　车站直接限速操作示意图界面（四）

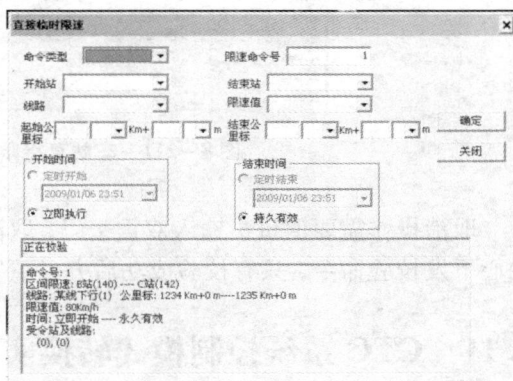

图 8 - 208　车站直接限速操作示意图界面（五）

校验完成后，草拟界面上的"发送"按钮变为可按下状态，如图 8 - 209 所示。同时有"校验完毕，可以发送"的提示，如图 8 - 210 所示。

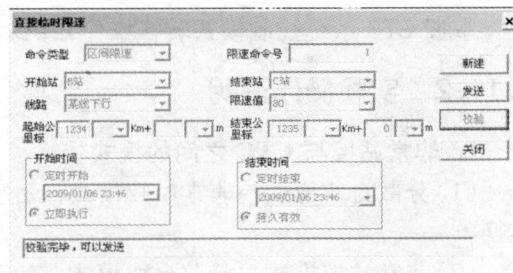

图 8 - 210　车站直接限速操作示意图界面（七）

图 8 - 209　车站直接限速操作示意图界面（六）

此时点击"发送"按钮，则将本条限速命令发送至列控中心。

8. 车站直接限速取消

由车站下发的直接限速只能由下发的车站取消。打开限速命令管理界面，在"列控实时命令"子界面中，选中需要取消的命令，点击右键"取消限速"按钮进行取消操作，如图 8 – 211 所示。

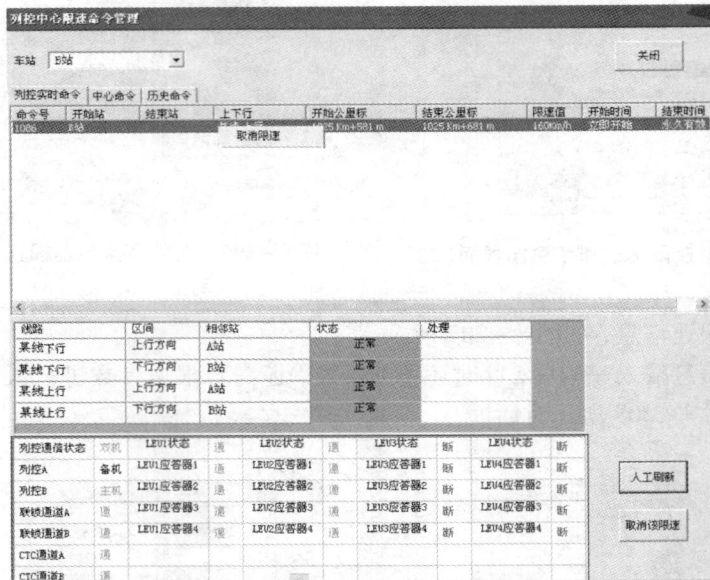

图 8 – 211   车站直接限速命令取消操作示意图界面

取消操作需要值班员输入双重密码,取消命令的下发和执行命令类似,需要预先向列控中心下发校验命令,只有校验成功后方可下发正式执行命令。

8.11   CTC 系统控制模式转换实验

8.11.1   实验目的

掌握 CTC 系统控制模式转换操作知识。

8.11.2   实验操作说明

1. 非常站控与 CTC 之间的模式转换

(1)分散自律模式→非常站控模式:无条件转换,按下联锁控制界面的"非常站控"按钮转换。

(2)非常站控模式→分散自律模式:有条件转换,在联锁控制界面上的"允许自律控制"表示灯亮黄灯时,按下"非常站控"按钮转换。

2. CTC 三种控制方式之间的转换(见图 8 – 212)

在车务终端单站控制界面上,点击 模式转换 按钮后出现如图 8 – 213、图 8 – 214 所示的对话框。

车站当前的操作方式为红色表示,并且呈选中状态,选择需要转换的目标操作方式,点击确定。如果转换成功,则单站控制界面上部的相应操作方式表示灯会亮绿色。

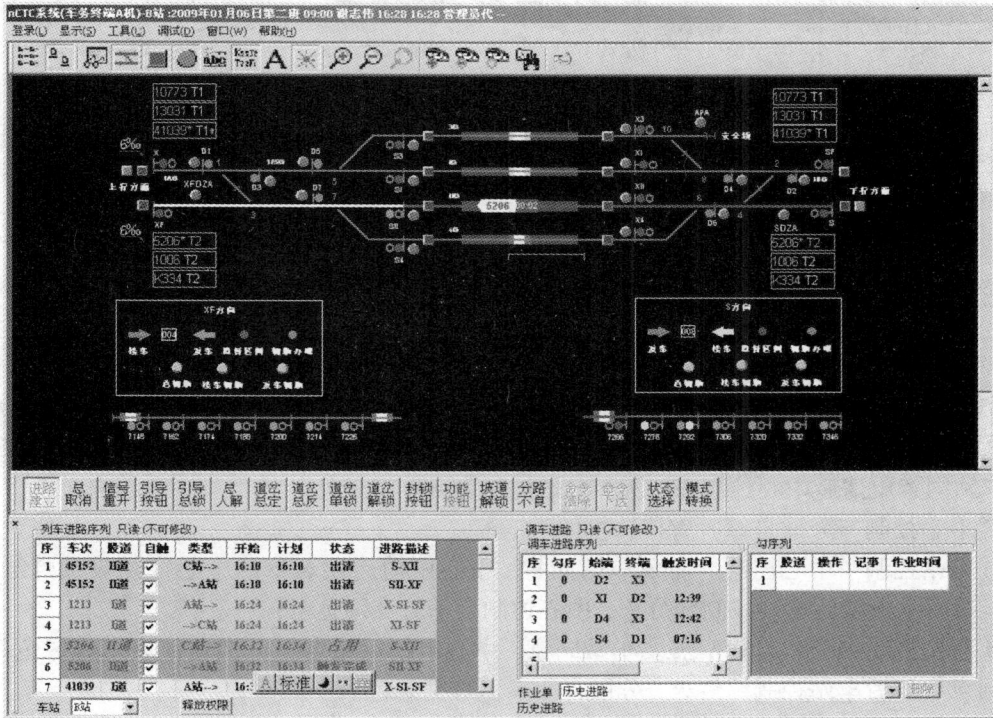

图 8 –212　CTC 控制模式转换操作示意图(一)

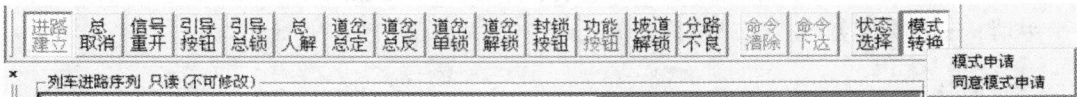

图 8 –213　CTC 控制模式转换操作示意图(二)

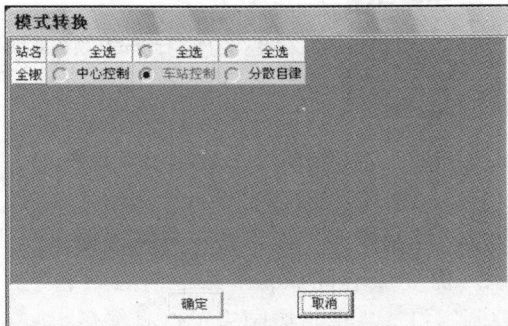

图 8 –214　CTC 控制模式转换操作示意图(三)

表 8 – 2　CTC 控制模式转换关系图（一）

目的方式 源方式	中心操作方式	车站操作方式	分散自律操作方式
中心操作方式		需要车站同意 （车站控制表示灯绿色闪烁）	直接转换
车站操作方式	需要车站同意 （中心控制表示灯绿色闪烁）		需要车站同意 （分散自律表示灯绿色闪烁）
分散自律操作方式	直接转换	需要车站同意 （车站控制表示灯绿色闪烁）	

（1）调度中心申请转换车站控制模式。如果是调度中心提出模式申请，则有以下关系：

①中心控制→车站控制。需要车站同意，中心申请后站名下的车站控制表示灯绿色闪烁，车站同意申请后中心控制绿灯灭，车站控制表示灯亮绿色。

②中心控制→分散自律。直接转换即可。

③车站控制→中心控制。需要车站同意，中心申请后站名下的中心控制表示灯绿色闪烁，车站同意申请后车站控制绿灯灭，中心控制表示灯亮绿色。

④车站控制→分散自律。需要车站同意，中心申请后站名下分散自律表示灯绿色闪烁，车站同意申请后车站控制绿灯灭，分散自律表示灯亮绿色。

⑤分散自律→中心控制。直接转换即可。

⑥分散自律→车站控制。需要车站同意，中心申请后站名下的车站控制表示灯绿色闪烁，车站同意申请后分散自律绿灯灭，车站控制表示灯亮绿色。

此时如果需要车站同意的话，目的操作方式表示灯呈绿色闪烁，如图 8 – 215 所示的中心提出申请：中心操作方式→车站操作方式。

图 8 – 215　CTC 控制模式转换操作示意图（四）

（2）车务终端申请转换车站控制模式。如果是车务终端提出模式申请，则有以下关系：

①中心控制→车站控制。需要中心同意，车站申请后站名下的车站控制表示灯黄色闪烁，车站同意申请后中心控制绿灯灭，车站控制表示灯亮绿色。

②中心控制→分散自律。无权申请。

③车站控制→中心控制。需要中心同意，车站申请后站名下的中心控制表示灯黄色闪烁，中心同意申请后车站控制绿灯灭，中心控制表示灯亮绿色。

④车站控制→分散自律。需要中心同意，车站申请后站名下分散自律表示灯黄色闪烁，中心同意申请后车站控制绿灯灭，分散自律表示灯亮绿色。

⑤分散自律→中心控制。无权申请。

⑥分散自律→车站控制。需要中心同意，车站申请后站名下的车站控制表示灯黄色闪烁，中心同意申请后分散自律绿灯灭，车站控制表示灯亮绿色。

表 8 – 3　CTC 控制模式转换关系(二)

源方式 ＼ 目的方式	中心操作方式	车站操作方式	分散自律操作方式
中心操作方式		需要中心同意 (车站控制表示灯黄色闪烁)	无权申请
车站操作方式	需要中心同意 (中心控制表示灯黄色闪烁)		需要中心同意 (分散自律表示灯黄色闪烁)
分散自律操作方式	无权申请	需要中心同意 (车站控制表示灯黄色闪烁)	

此时如果需要中心同意的话，目的操作方式表示灯呈黄色闪烁，图 8 – 216 中车务终端提出申请：车站操作方式→分散自律操作方式。

图 8 – 216　CTC 控制模式转换操作示意图(五)

当调度台提出操作方式转换申请时，站场图相应的操作方式表示灯闪烁，此时可以点击模式转换菜单 模式申请 / 同意模式申请 中的"同意模式申请"选项，这时弹出如图 8 – 217 所示对话框。

其中红色表示当前的车站操作方式，黄色表示申请的目的方式，同意就在"同意"前面打钩，点击"确定"。如果操作方式转换成功则状态表示灯就会发生切换。

图 8 – 217　CTC 控制模式转换操作示意图(六)

第 9 章

驼峰自动化实验

9.1 驼峰调车系统及功能

9.1.1 概念

驼峰调车控制系统为在驼峰调车场上控制货车溜放进路和溜放速度，实现车列自动分类解体和编组进行自动控制的系统。

9.1.2 驼峰调车系统构成及原理

主要包括调车场头部溜放调车控制和峰尾调车进路控制两部分。头部溜放调车控制又分为驼峰指挥系统（驼峰信号及其他调车信号联锁设备）、机车推峰速度控制、货车溜放进路控制以及货车溜放速度控制。峰尾的集中联锁及平面溜放控制目前尚未纳入整个驼峰调车自动化系统中。

9.1.3 驼峰调车系统的基本功能

1. 办理作业计划

（1）人工输入作业计划。在需要时可由驼峰调车长输入作业计划。设有区长控制台的站场，也可允许调车区长输入作业计划。

系统可允许储存 20 列作业计划。每列计划最大为 120 钩。每钩作为一个记录单元，包含钩序、股道、辆数及其他辅助内容。

（2）变更作业计划。开始溜放前或溜放过程中，可对作业计划进行变更，如：增钩、删除当前钩、复制当前钩、股道群改、股道互换、颠倒作业单、追加钩计划。

2. 溜放进路作业

（1）溜放作业状态。溜放作业可分为溜放状态和非溜放状态两种：溜放状态和非溜放状态。

1）溜放状态。办理"开始溜放"作业命令后，进入溜放状态。在该状态下，溜放命令随溜放车组的走行在分路道岔上逐级传递，并实施控制。计算机自动控制各分路道岔的转换，保证溜放车组进入预定的股道。

2）非溜放状态。在未办理"开始溜放"作业命令之前，系统处于非溜放状态。在该状态下，分路道岔不传递命令。分路道岔的转换将取决于操作人员的人工操纵。

（2）开始溜放。作业人员确认作业计划后，可发出开始溜放命令，系统即按作业计划对指定峰别的溜放车组实施控制。需注意以下两点：

1）确认"溜放窗口"显示进路机柜将要执行的后续 3 钩计划（详见第 6 章）。

2）确认"信息窗口"中有机柜收到信息回执（应当在开始溜放命令之后）。

（3）溜放结束。

1）正常溜放结束。当作业计划的最后一个溜放车组出清最后分路道岔后，系统将自动判定该作业已全部溜完，并发出该作业计划溜放结束提示。

2）人工溜放结束。在该作业计划的作业过程中，操作人员可利用该命令提前终止该作业计划的执行，强制溜放结束。各分路道岔上的遗留命令将自动清除。系统不再控制后续道岔的转换；车组将按道岔的既有位置或人工抢扳的位置溜往其他股道。

注意：操作人员利用该命令可以提前终止作业计划；执行的时机为已下溜勾序完全通过三部位减速器车，全场溜放进路上没有车辆运行。如果执行此命令时全场进路上仍有车辆运行，则该车辆将不受系统控制，将会造成不安全后果。

（4）车辆跟踪与命令传递。在溜放过程中，系统对下溜车组进行全程跟踪，根据作业计划及车组的走行位置逐级传递命令，控制道岔转换，使车组进入预定股道。命令的传递及命令的类别在站场图形显示器上均有相应的表示。

（5）分路道岔控制。

1）手动控制。系统控制台设有应急手动操作台，在需要时，可以用其道岔手柄扳动道岔。手柄的优先级高于自动控制。

2）自动控制。道岔手柄在中间位置，无锁闭无封锁时，该道岔即处于自动控制下，可由计算机发出转换命令。在溜放时，该道岔将随接收的命令自动转换。

3）道岔转换检查。操作人员可发出转换命令，以检查道岔的动作是否正常。

①单动道岔。可对指定的道岔发出转换命令。

②巡检道岔。可对指定范围的道岔发出转换命令，指定范围内各分路道岔将顺序向相反位置转动一次。

4）道岔封锁。可将指定的道岔封锁在现有位置。该道岔在解除封锁前，不能转动（包括手柄）。本系统的封锁道岔需由人工确认后，进行解除封锁。

3. 调车进路作业

（1）办理调车进路。系统采用始终端方式办理调车进路。允许办理长调车进路和变通进路，变通点可选用反向单置调车信号，并置或差置的同向调车信号。

（2）进路的建立和锁闭。排列进路后，自动完成选路处理，控制有关道岔转到规定位置。在有关联锁条件满足的情况下（如进路空闲、道岔位置正确、未建立敌对进路、敌对信号未开放等），实现进路锁闭。

（3）调车信号控制。

1）信号开放。调车信号只有在操纵人员的操作下才能开放，如：办理调车进路或办理重复开放信号。

开放时必须检查有关进路空闲状态（包括超限绝缘）、未建立敌对进路、有关道岔位置正确（包括防护道岔）且确实锁在规定位置。

信号开放过程中，上述联锁条件不断得到检查。

信号蓝灯断丝时，可允许点亮白灯。

2）信号关闭。信号在下列情况下将及时关闭：

①车列全部进入信号机内方；当信号机外方有停留车辆或信号机外方无接近区段时，车列出清信号机内方第一轨道区段。

②进路中某一区段办理区段故障解锁。

③办理取消进路或人工解锁进路。

④办理关闭信号。

⑤因故障使联锁条件发生变化时。

⑥信号因故关闭，未经办理重复开放操作，不能自动重复开放。

4．线束调车信号控制

线束调车信号开放条件同峰上调车信号，但不检查进路空闲，而与有关信号发生联锁。线束调车信号在下列情况下将及时关闭。

（1）车列出清全部进路。车列完全进入信号机内方，线束调车信号自动关闭，待车列完全出清整条进路时，有关进路一次解锁。

（2）办理人工关闭信号。线束调车信号关闭，有关进路不解锁。

（3）关闭并解锁。线束调车信号关闭，且有关进路解锁。

5．进路解锁

（1）取消进路解锁。信号开放后，车列尚未进入接近区段可办理取消进路。为保证安全，在满足信号已经关闭、接近区段无车、进路处于空闲状态的条件下，进路一次解锁。

（2）正常解锁。以驼峰主体信号内方的第一架上峰信号机为分界点。峰上调车进路实行三点式检查，即防护信号自动关闭后，随车列的走行，各区段分段自动解锁。峰下调车进路在车列出清进路后，防护信号关闭，进路一次解锁。

（3）调车中途返回解锁。因折返调车作业使得原进路中部分区段无法正常解锁时，在确定原进路剩余部分无车占用，且车列全部进入折返调车信号机内方后，剩余未解锁区段一次解锁。这种情况只有以单置调车信号机折返，才能出现。

因折返调车作业使得原进路全部区段均无法正常解锁，在确定车列出清原进路和接近区段后，进路一次解锁。

（4）人工解锁进路。信号开放后，车列已进入接近区段（或无接近区段），尚未越过信号机，可办理人工解锁进路。为保证安全，进路不能立即解锁，而是先关闭信号，再延时 30 s。在延时期间，不断检查进路的空闲状态。一旦发现车列进入信号机内方，立即停止解锁工作。

（5）区段故障解锁。出现下列情况，可办理区段故障解锁：①当车列通过区段后，因轨道电路故障造成该区段无法正常解锁；②因停电造成锁闭；③因维修造成的错误锁闭；④进路上有车占用时，区段故障解锁无效，以保证安全。

6．推送进路

（1）推送进路的建立。只有在驼峰值班员办理了预先推送或允许推送后，才准许到达场排列推送进路。

驼峰值班员办理预先推送或允许推送后（在有多条推送线时，须指明参数）在检查有关敌对进路未建立、敌对信号未开放后有关道岔将自动转到规定位置，并完成推送锁闭。

到达场排通推送进路并锁闭后，到达场驼峰复示信号机将点亮一个黄灯。

到达场建立推送进路并锁闭后，系统将给出对应显示，指明所建立的推送进路。

（2）推送进路的解锁。车列全部出清推送进路后，推送进路一次解锁。

车列尚未占用推送进路之前，驼峰场可办理取消预先推送或取消允许推送的操作。

7. 驼峰主体信号控制

（1）驼峰主体信号的联锁。驼峰主体信号机与其外方的推送进路、有关敌对进路、有关防护道岔和峰下背向道岔发生联锁。

（2）驼峰主体信号的切断。当发生挤岔、灯丝断丝、压力报警、限界检查器倒下、闪光继电器不脉动、人工切断信号及溜放过程出现异常（如道岔区段追钩、道岔恢复、途停、股道途停、道岔无表示四开）时，驼峰主体信号将立即关闭。信号关闭后，需由人工重新办理开放。

头岔的背向道岔要锁死，各分路道岔转动到位后，主体信号才能开放。

（3）驼峰主体信号的重复开放。驼峰主体信号因故关闭后，不办理红灯不能重复开放。

（4）驼峰主体信号变换显示。驼峰主体信号在变换显示灯光时，除黄闪、绿闪和绿灯之间，均应先办理红灯。

（5）推送进路上的调车信号。推送进路上有关的调车信号随驼峰主体信号的相应显示而自动开放。

8. 上下峰进路的控制

上下峰进路采用始终端方式办理。股道的线路表示器可作为对应的始端或终端使用。允许办理的长调车进路可以同时包含峰上峰下部分。有关道岔将顺序转换并锁闭，有关信号由远至近顺序开放。以驼峰主体信号内方第一架上峰方向调车信号机为界，峰上部分随车列的走行，实现三点式检查，进路逐段解锁；峰下部分进路出清一次解锁。

9. 场间联系的控制

系统自动完成与其他车场的场间联系。联锁关系满足：

（1）当场间联络线有车占用时，不能向联络线排列进路。

（2）当对方已向联络线排列了进路时，另一方不能再向联络线排列进路。

9.2 驼峰调车系统基本操作实验

9.2.1 实验目的

掌握驼峰调车系统的基本操作。

9.2.2 实验操作说明

本实验指导书是结合轨道运输实训模拟仿真教学系统编写而成的，该系统功能及操作基本类似一线使用的 Casco 公司系列产品，除此之外还具备一些教学考核、模拟事故等工作环境的功能。

1．工具条按钮描述

（1）站场窗口。打开或关闭站场图形窗口。

（2）作业单窗口。打开或关闭作业单窗口。

（3）溜放窗口。打开或关闭溜放窗口。

（4）驼信窗口。打开或关闭机车驼信窗口。

（5）信息窗口。打开或关闭信息窗口。

（6）维护窗口。打开或关闭维护窗口。

系统设置：进行系统选项的设置。

2．权限设置

权限设置用于设置本机的操作权限，只有设置了相应的操作权限，本机才能执行相应的功能，如图 9 – 1 所示。

设置权限时，系统会弹出一个对话框。初始状态下，对话框的确定按钮为无效状态，输入了正确的密码

图 9 – 1　权限设置示意图

并按回车键以后，确定按钮将变为有效状态。此时可点击各个权限设置项左侧的选择框更改其设置。选择框空白表示无此权限，选择框标记表示有此功能。设置完毕后，点击确定按钮。

更改权限设置后，需退出程序然后重新运行，所作的修改方能真正生效。

各个权限设置项的含义如下：

（1）作业单：表示本机可以编辑、修改作业计划。无此权限的作业机在溜放过程中只具有显示功能。

（2）道岔：表示本机可以对峰上及峰下的各种道岔进行控制。

（3）信号机及进路控制：表示本机可对主体信号机、各种调车信号机、发车表示器、无岔区段轨道电路及其他与进路控制有关的功能（允许推送、预先推送、道岔恢复确认等）进行控制。

（4）（空）用于预留。

（5）一部位减速器：表示本机可对一部位减速器进行控制。

（6）二部位减速器：表示本机可对二部位减速器进行控制。

（7）三部位减速器：表示本机可对三部位减速器进行控制。

（8）雷达自检：表示本机可进行雷达自检操作。

（9）修改日期时间：表示本机可修改系统日期及时间。

（10）维护窗口：表示本机为电务维修机，可打开维护窗口。

由于操作权限的设置正确与否直接影响到系统的工作模式，所以设置权限时必须谨慎。各个作业机操作权限均应不同，即同一权限只能设置在一台作业机上，否则会出现多台作业机抢夺同一设备控制权的情况。在设置某一权限时，必须确认其他作业机没有设置相同权限。

作为一种应急手段，以下操作是允许的：若某一作业机由于故障不能正常工作，将其关闭以后，可将其负责的控制功能暂时转移到其他作业机上。例如，速度作业机发生故障，将其关闭后，可在进路作业机上设置减速器的控制权限，此时进路作业机即可对减速器进行控

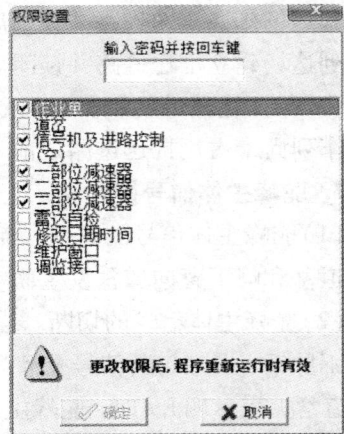

制。但必须注意的是，故障的作业机经过维修恢复正常，需要恢复使用前，必须确保将先前暂时转移到其他作业机上的操作权限清除。

9.3　驼峰调车作业计划管理实验

9.3.1　实验目的

掌握驼峰调车作业计划的管理知识。

9.3.2　实验操作说明

本实验指导书是结合轨道运输实训模拟仿真教学系统编写而成的，该系统功能及操作基本类似一线使用的Casco 公司系列产品，除此之外还具备一些教学考核、模拟事故等工作环境的功能。

作业单窗口主要用于实现调车作业计划的各种操作处理，如图 9 - 2 所示，了解驼峰作业情况，输入并管理调车作业计划。系统可允许储存 20 列作业计划。每列计划最大为 120 钩。调

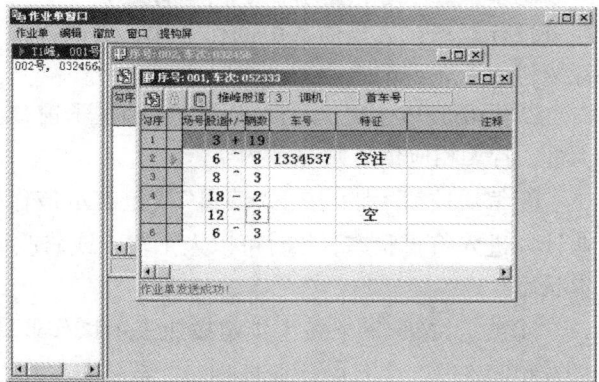

图 9 - 2　作业单窗口

车作业计划单有两种来源，一是由信息处理系统或作业单传输系统自动接收的自动存储方式，二是由操作员人工输入的人工存储方式。

1. 作业单窗口显示内容

作业单窗口包括主菜单、作业单列表及作业单子窗口区。操作人员可以输入或修改解体作业计划，只有授权的作业机才具有编辑功能，其他机器只有显示功能。

（1）作业单列表。作业单窗口的左侧为作业单列表区，如图 9 - 3 所示，调车计划作业单可通过与编组站现车管理系统或调车单传输系统等联网接收，或由操作人员输入。接收或人工输入的作业计划的车次、序号及溜放状态将显示在这里。

作业单列表中存在多个作业计划时，以蓝色背景显示的作业计划代表当前选中的作业计划，主菜单中的各种编辑、溜放命令都是针对该计划执行的。

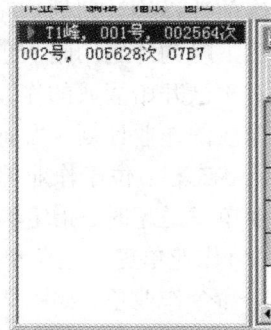

图 9 - 3　作业单列表

处于溜放状态的作业计划，其作业单序号的左侧有一个绿色的开始溜放符号；处于暂停溜放状态的作业计划，其作业单序号的左侧有一个红色的暂停溜放符号。

溜放结束后，原作业单将被删除（进路作业机保留），并在作业单列表区显示为红线删除的样子。

（2）作业单子窗口区和作业单子窗口。

1）作业单子窗口区。作业单窗口的右侧为作业单子窗口区。作业单子窗口区中的每一个独立的子窗口代表一个作业计划，显示该计划的详细内容。

通过主菜单中窗口菜单项的各项窗口命令可以对多个子窗口进行各种排列操作（详细内容参见命令解释）。

利用鼠标拖动作业单子窗口区与作业单列表区之间的分隔条可以调整子窗口区和列表区的大小，如图9-4所示。

图9-4　拖动分隔条示意图

2）作业单子窗口。每一个作业计划都用一个独立的作业单子窗口来显示，如图9-5所示，包括以下内容：

①车次、序号：显示在子窗口标题栏中，蓝色背景标题栏代表当前选中的作业单；灰色背景标题栏表示非当前选中作业单。

②推峰股道、调机、首车号：显示在子窗口上部，若无相应信息则显示为空。

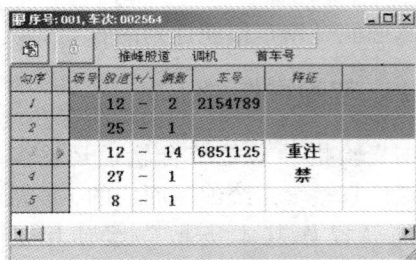

图9-5　作业单子窗口

③编辑按钮 ：按下"编辑"按钮表示该作业计划进入编辑状态，此时可以人工输入或修改该计划；抬起"编辑"按钮表示该计划退出编辑状态。

④锁定按钮 ：按下锁定按钮表示该作业计划不允许被自动覆盖，否则当接收到一个具有相同车次、序号的作业计划时，系统会将其自动覆盖。

注：人工输入的作业计划其锁定按钮永远处于锁定状态。

⑤钩计划：钩计划包括钩序、股道、辆数、车号、特征、场号、注释栏等信息。

"+/-"作业符号栏中："-"表示溜放作业；"+"表示挂车作业；

特征位显示中："禁"表示去禁溜线；"迂"表示去迂回线。

当前选择钩计划的钩序号用绿色显示，其他为蓝色显示。

已下峰钩计划用暗灰色背景显示；未下峰钩计划用正常背景色显示。

对于已开始溜放的作业计划，当前待溜钩计划前面显示一个绿色的开始溜放标记；对于暂停溜放的作业计划，当前待溜钩计划前面显示一个红色的暂停溜放标记。

⑥状态栏：位于作业单子窗口的最下方，用于显示与该计划有关的编辑、溜放错误信息，如作业单发送超时、指定钩序非法等。

（3）作业单窗口主菜单。作业单窗口主菜单如图9-6所示，位于作业单窗口的顶部，包括以下命令作业单，如图9-7所示。

图9-6　作业单窗口主菜单

图9-7　命令作业单

①新作业单：手工新建一个作业计划。

②删除当前作业单：删除当前选中的作业计划。

③全部删除：删除作业单列表中的全部作业计划。

钩计划编辑，如图 9 - 8 所示。

①增钩：在当前选中作业单的当前钩之前增加一钩计划。

②删除当前钩：删除当前选中的钩计划。

③复制当前钩：复制当前选中的钩计划。

④股道群改：将当前计划中的某一股道全部变为另一股道。

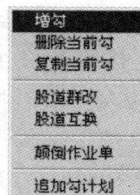

图 9 - 8　勾计划操作菜单

⑤股道互换：将当前计划中的某一股道计划与另一股道计划互换。

⑥颠倒作业单：将当前选中作业计划按相反次序排列（第一钩未下峰时有效）。

⑦追加钩计划：在当前计划中尾部继续输入钩计划。

溜放操作，如图 9 - 9 所示。

图 9 - 9　溜放状态显示

注：在站场图上，有溜放显示，如图 9 - 10 所示。

①全场溜放/半场溜放：将当前作业计划发往控制机柜执行（对于两个峰的驼峰场，每个峰对应不同的溜放命令并区分全场与半场）。执行溜放命令会自动退出编辑状态。

②指定溜放钩序：指定当前待溜钩计划的钩序。

③暂停溜放：暂停当前作业计划的执行。对于此后下峰的车辆，系统将不再控制相应道岔的转换；执行开始溜放命令可以取消暂停溜放状态。

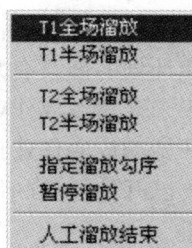

图 9 - 10　溜放操作菜单

④人工溜放结束：强制结束一个尚未溜放完毕的作业计划。执行该命令会清除所有道岔上的命令，故执行前必须人工确认全场无车。

窗口布局，如图 9 - 11 所示。

①层叠排列：层叠排列全部非最小化状态的作业单子窗口。

②垂直排列：垂直排列全部非最小化状态的作业单子窗口。

③水平排列：水平排列全部非最小化状态的作业单子窗口。

④全部最小化：将全部作业单子窗口最小化。

⑤重排图标：重新排列最小化状态的作业单子窗口。

⑥提钩屏：打开提钩屏状态显示栏。

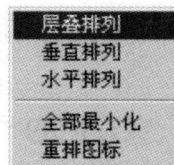

图 9 - 11　窗口设置菜单

2. 作业单输入和修改

(1)作业单的人工建立。在作业单窗口主菜单中执行"新作业单"命令，然后在弹出的对话框中输入作业单的车次、序号、推峰股道等信息，如图 9 - 12 所示。其中序号为 3 位，第一位可以为字母或数字，后两位必须为数字；车次为 6 位数字，不足 6 位前面补 0；推峰股道信息为可选项，可以为空，点击"确定"按钮，作业单子窗口区会出现一个空白的作业单子窗口等待输入钩计划。

（2）钩计划的输入。股道、溜放类别、辆数、车号、注释栏中的内容可利用键盘直接输入，如图 9 – 13 所示。其中股道、作业符号、辆数为必须输入内容，不能为空。

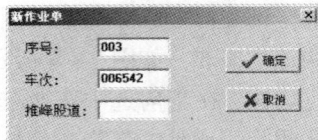

图 9 – 12　作业单的人工建立

辆数输入完毕后按空格键可跳入车号栏输入车号或按回车键继续下一钩计划的输入。

特征栏中的内容不能利用键盘直接输入，需要利用鼠标右键点击特征栏，在弹出的菜单中选择相应特征。

场号内容不能人工输入，为系统自动填写。

（3）结束输入作业计划。作业计划输入结束后，点击作业单子窗口的编辑按钮退出编辑状态。

若计划中含有不可缺省的未输入项，则无法退出编辑状态并会自动跳转到该位置等待输入。

（4）作业计划的修改。需要修改作业计划时，在作业单列表中选择需要修改的作业计划，点击该计划的编辑按钮进入编辑状态，点击需要修改的钩计划，利用键盘直接修改或在菜单中选择编辑命令进行修改。

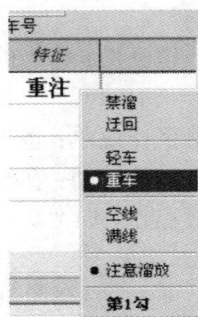

图 9 – 13　钩计划的输入

修改完毕后再次点击"编辑"按钮退出编辑状态。

作业计划的修改有几点需要注意：

对于未开始溜放作业计划的修改无任何限制。

已开始溜放的作业计划，其已经下峰的部分不能进行修改。

修改已开始溜放的作业计划，修改结束后，只有在退出编辑状态时，新计划才会自动发往控制机。

修改已开始溜放的作业计划后，若由于通信故障，作业单发送未成功，则自动恢复到本次修改前的状态。

值班员必须保证钩计划的修改操作在车辆下峰前完成，若车辆已下峰，则本钩计划的修改无效。

9.4　驼峰调车作业实验

9.4.1　实验目的

掌握驼峰调车作业计划的实施过程。

9.4.2　实验操作说明

本实验指导书是结合轨道运输实训模拟仿真教学系统编写而成的，该系统功能及操作基本类似一线使用的 Casco 公司系列产品，除此之外还具备一些教学考核、模拟事故等工作环境的功能。

1．站场图形窗口

站场图形窗口如图 9 – 14 所示。

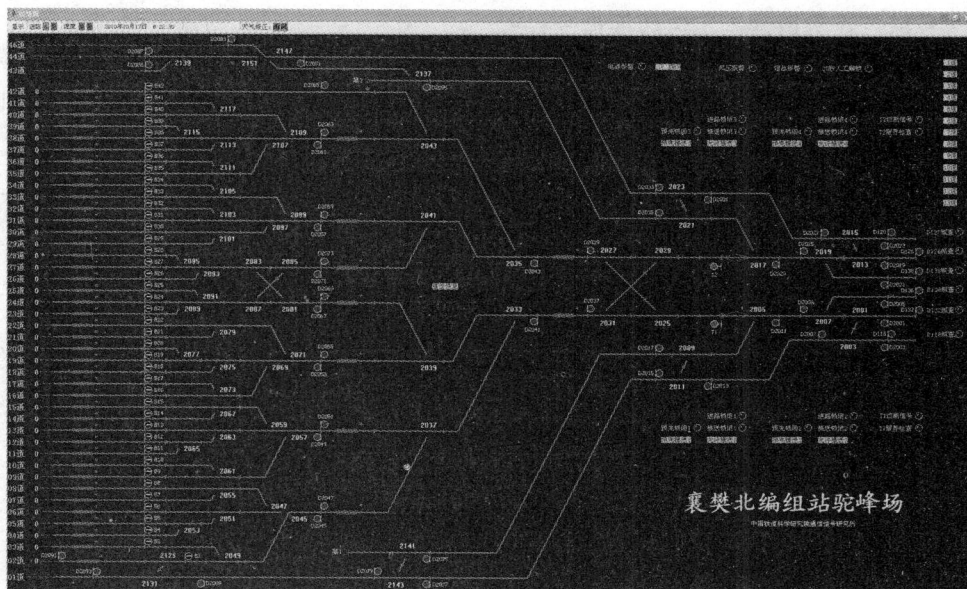

图 9 - 14　站场图形窗口

（1）站场图形窗口说明。站场图形窗口实时动态显示整个驼峰场的作业情况，包括道岔、减速器、信号机、轨道区段、测长、雷达速度等信息。同时，具有相应操作权限的操作人员可以操纵相应的站场设备。

（2）显示。以下有关各设备名称仅作为举例说明使用。

1）信号机。

主体信号机：主体信号机为高柱信号，有绿、绿闪、红、红闪、白、白闪、黄闪七种显示。分别对应定速、加速、停止、后退、调车、禁溜线作业、减速。

调车信号机：调车信号机有蓝、白两种显示。分别表示关闭、开放。

线路表示器：信号机中心带有一条水平横线表示其为线路表示器，线路表示器只有白色一种显示，表示其开放状态。

各种信号机利用信号机中心处的红色"X"形符号表示其断丝故障。

　主体信号机

　调车信号机

　B406　线路表示器

　信号机断丝

2）道岔。道岔由三条线段交会组成。一般情况下，水平方向代表定位、斜向代表反位。

道岔位置：道岔位置由道岔定位或反位线段密合表示，定位缺口时表示道岔无定位表示、反位缺口时表示道岔无反位表示、定反位均有缺口时表示道岔正在转换或处于无表示状态。

　道岔定位

　道岔反位

道岔命令：道岔号白色表示道岔无命令；

道岔号绿色表示道岔有定位转换命令；

道岔号黄色表示道岔有反位转换命令；

道岔手柄位置：若峰下道岔的手柄不在中间位置，则道岔号右方将出现一个红色圆点，此时道岔将不能执行计算机发出的动作命令。非分路道岔无此显示。

道岔封闭：操作员将道岔封锁以后，道岔号的背景将变为红色，表示此道岔已被封锁，计算机发出的转换命令或搬动道岔手柄均不能使其转动。

　　道岔封闭

道岔恢复：当某组道岔发生道岔恢复时，该组道岔号码闪动。

3）轨道电路。轨道电路包括道岔区段轨道电路、减速器区段轨道电路、峰上峰下的各种无岔区段轨道电路。

轨道电路的状态用其颜色表示。

灰色：轨道电路未占用。

红色：轨道电路占用。

白色：轨道电路锁闭。

　　减速器

减速器用两个并排的矩形表示，分别代表前台与后台减速器。

减速器制动时为红色，缓解时为灰色，黑色为无表示。

减速器上方的数字按入口至出口方向依次为定速、出口速度。

定速数字的颜色用以区分计算机定速及人工定速　　。绿色代表计算机定速，黄色代表人工定速。

手动标是指减速器处于非自动控制状态时，减速器上方右侧出现的红色星形标志。此时值班员必须注意检查减速器状态并对其进行及时控制。

减速器区段白光带并减速器白色边框表示减速器自动锁闭；减速器红色边框表示人工锁闭。

收到作业命令时，减速器旁边会显示钩计划的命令信息，其格式为：股道 - 辆数、重量等级。

4）编发线。编发线股道号红色表示发车锁闭。编发线股道号绿色表示允许发车。

（3）操作。操纵人员对各种现场设备的操纵有两种方式：利用鼠标左键直接点击；利用鼠标右键点击相应设备，弹出一个动态菜单，再用左键选择该设备的相应命令。

操纵时，先将鼠标移动到相应设备上，待鼠标光标变为手指形状时点击鼠标左键或右键。

1）道岔。利用鼠标右键点击道岔号，弹出的命令菜单包括以下命令，图 9 - 15（a）为分路道岔菜单，图 9 - 15（b）为非分路道岔菜单。

定位：将道岔转换到定位。

反位：将道岔转换到反位。

循检道岔：以该道岔为起始，指定的道岔为结束，将这之间的全部道岔转换至相反位置（仅对峰下分路道岔有效）。

清除命令：清除该道岔的控制命令（仅对峰下分路道岔有效）。

　　封锁道岔：封锁该道岔至当前位置（仅对峰下分路道岔有效）。

　　解除封锁：解除该道岔的封锁状态（仅对峰下分路道岔有效）。

　　单独锁闭：锁闭该道岔（仅对非峰下分路道岔有效）。

　　故障解锁：解除该道岔的锁闭。

　　2）信号机。鼠标左键直接点击信号机本身相当于按压该信号机的进路选择按钮，第一次点击的信号机为进路始端，第二次点击的信号机为进路终端。信号机因故关闭，在进路未解锁的情况下，鼠标左键点击信号机可使信号自动重复开放。

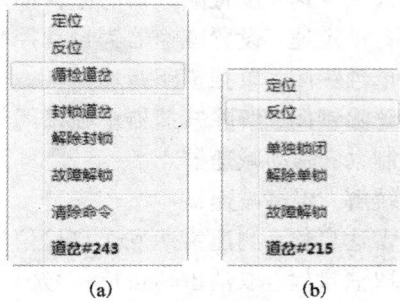

图 9 - 15　道岔操作示意图

（a）分路道岔；（b）非分路道岔

　　当办理长调车进路时，如果仅点击进路始、终端，则只选出基本进路。如要选择变更进路，则要依次点击进路始端、变更点、终端信号机。

　　如要对信号机进行单独操纵，需利用鼠标右键点击信号机，在弹出的菜单中选择相应命令，如图 9 - 16（a）、（b）、（c）分别为调车信号机、线束调车信号机、主体信号机菜单。

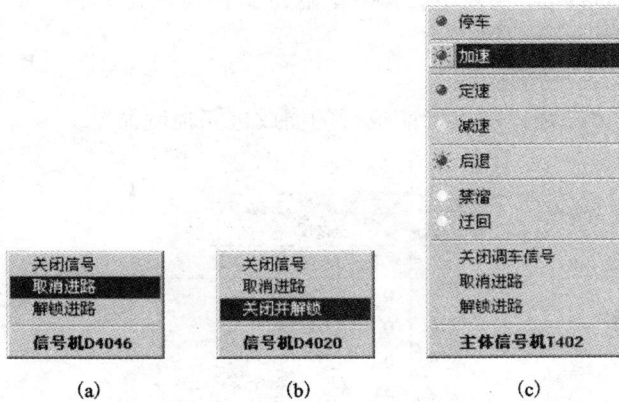

图 9 - 16　信号机命令

（a）调车信号机菜单；（b）线束调车信号机菜单；（c）主体信号机菜单

　　关闭信号：关闭该信号机。

　　取消进路：在接近区段无车占用时取消以该信号机为始端的进路。

　　解锁进路：在接近区段有车占用时取消以该信号机为始端的进路。

图 9 - 17　驼信窗口

　　主体信号机的操作，既可以通过选择右键菜单命令的方式来完成，也可以通过在驼信窗口中左键点击相应按钮的方式完成，如图 9 - 17 所示。

　　3）减速器。利用鼠标右键点击减速器，弹出的命令菜单包括以下命令，如图 9 - 18 所示。

人工定速：设置减速器的半自动定速值。

自动定速：设置减速器为自动控制方式。

单独锁闭：单独锁闭减速器。

解除锁闭：解除减速器单独锁闭。

制动：制动减速器。

缓解：缓解减速器。

雷达自检：测速雷达发送自检信号。

取消自检：取消雷达自检信号。

（4）风雨模式操作及表示。雨天模式和顶风控制模式，由操作人员根据天气情况进行设置，如图9-19所示。

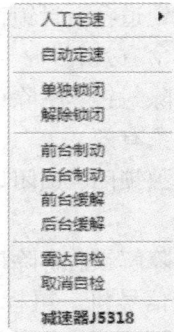

图9-18　减速器命令

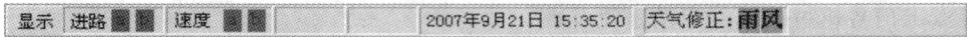

图9-19　风雨模式表示

在站场图界面的右上方，分别表示速度控制机柜的气候调整因素状态表示，显示绿色为有效，灰色为取消。

操作时，点击鼠标右键，出现下拉菜单，点击鼠标左键完成相应操作，如图9-20所示。

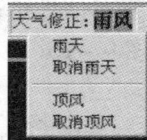

图9-20　风雨模式操作

2. 溜放窗口

溜放窗口用于显示进路控制机当前执行的溜放进路控制命令，如图9-21所示。

图9-21　溜放窗口

当执行了某一作业计划的开始溜放命令以后，溜放窗口显示进路机柜将要执行的后续3钩计划。

随着车辆的下峰，溜放窗口中显示的内容也会动态更新。

溜放窗口总在前端显示，即溜放窗口总在其他窗口的顶层，其他窗口不会覆盖溜放窗口。

第 **10** 章

运行图编制及管理

10.1　运行图编制原理及功能

10.1.1　概述

1. 列车运行图的作用

列车运行图是用以表示列车在铁路区间运行以及在车站到发或通过时刻的技术文件，它规定各次列车占用区间的顺序，列车在每个车站的到达、出发或通过时刻，列车在区间的运行时间，列车在车站的停站时间以及机车交路、列车重量和长度等，是全路组织列车运行的基础。

通过列车运行图可以把与列车运行有关的各部门有机地结合起来，车站要根据列车运行图的时刻安排自己的接车、发车、调车及客运、货运等工作。机务部门根据运行图的要求，确定每天派出的机车台数和时刻，并据此安排机车的整备和乘务工作。工务、电务等部门应按列车运行图的要求安排施工和维修工作等。因此，列车运行图即是行车组织工作的基础，又是联系部门工作和社会生产、生活的纽带。

2. 列车运行图的图形表示方法

列车运行图是运用坐标原理对列车运行时间、空间关系的图解表示。在列车运行图上，一般以横坐标表示时间，纵坐标表示距离。这时，列车运行图上的横线表示车站，竖线表示时间，斜线表示列车运行线。

为了适应使用上的不同需要，列车运行图按时间划分方法的不同，可有如下三种格式：

（1）二分格运行图（见图 10 - 1）。它的横轴以 2 min 为单位用细竖线加以划分，十分钟格和小时格用较粗的竖线表示。由于二分格运行

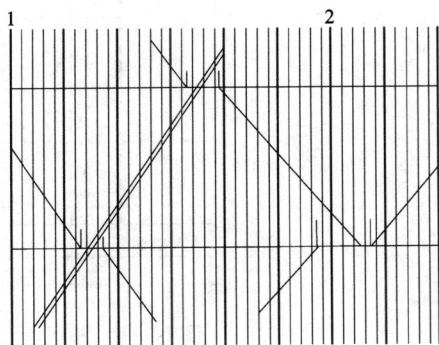

图 10 - 1　二分格运行图

图不用标注数字，因手工编制新图时比较方便而被编图人员使用。现在由于实现了计算机铺图，二分格图已基本不再使用。

（2）十分格运行图（见图 10 - 2）。它的横轴以 10 min 为单位用细竖线加以划分，半小时

格用虚线表示,小时格用较粗的竖线表示。十分格图主要用于编制和发布新图,以及供列车调度员在日常调度指挥工作中编制调度调整计划和绘制实绩运行图时使用。

(3)小时格运行图(见图 10-3)。它的横轴以小时为单位用竖线加以划分。只表示列车在区段的始发和终到时刻,不标注在中间站的到发时间,运行线通常用"航空线"表示。小时格运行图主要用于编制旅客列车方案图和机车周转图及调度工作日班计划的列车工作计划。

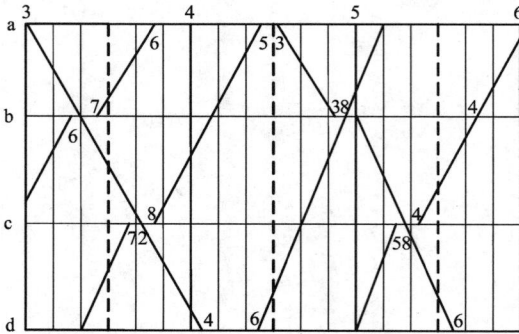

图 10-2　十分格运行图

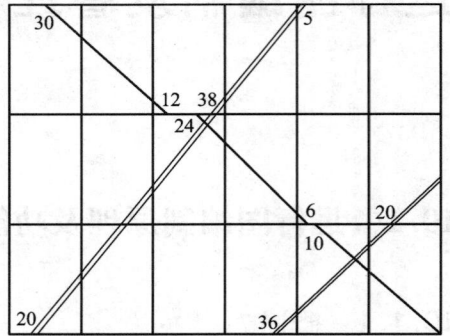

图 10-3　小时格运行图

在运行图上,以横线表示车站中心线的位置,一般按区间运行时分的比率确定,即按整个区段内各车站间列车运行时分的比例来确定横线位置。采用这种方法时,可以使列车在整个区段的运行线基本上是一条斜直线,既整齐美观,也易于发现列车区间运行时分上的差错,所以一般采用这一方法。如图 10-4 所示。

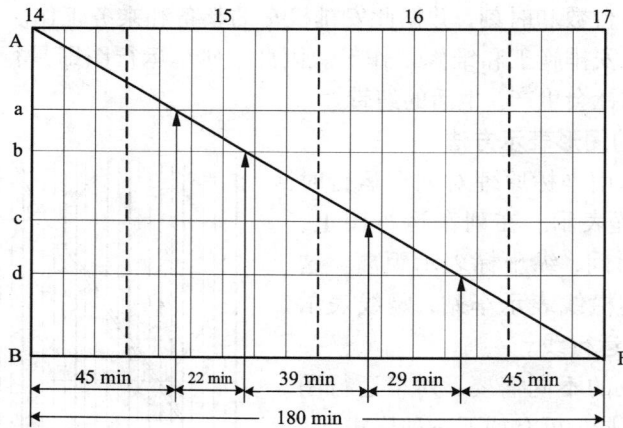

图 10-4　按区间运行时分比率确定车站位置示意图

A-B 区段下行方向货物列车运行时分共计为 170 min,采用这种方法确定横线位置时,首先确定技术站 A、B 的位置,然后在代表 A 站的横线上任取一点 A,并以 A 点所对应的时间为原点,在代表 B 站的横线上向右截取相等于 170 min 的 BF 线段,得 F 点,同时按 Aa、ab、bc、cd 和 dB 区间的列车运行时分,将 BF 线段划分为五个时间段,联结 A、F 两点,得一斜直线。过五个时间段端点作垂直线，在 AF 斜直线上可得交点，过各该交点作水平线，即为代表 a、b、c、d 车站的横线。

　　运行图上的列车运行线（斜线）与车站中心线（横线）的交点，即为列车到、发或通过车站的时刻。根据列车运行图的格式，到发时刻有不同的表示方法，在十分格图上，填写 10 min 以下分秒数值；在小时格运行图上，填写 60 min 以下分秒数值。所有表示时刻的数字，都填写在列车运行线与横线相交的钝角内。列车通过车站的时刻，一般填写在出站一端的钝角内。

　　在运行图上，铺画有许多不同种类列车的运行线。为了便于识别起见，对各种列车采用不同的表示方法，并对每一列车冠以规定的车次，标在区段的首末两端区间相应列车运行线的上方。上行列车的车次为双数，下行列车的车次为单数。我国铁路规定向首都的方向为上行方向，反之为下行方向。不同种类列车运行线的表示方法和列车车次的划分分别见表 10 - 1 和表 10 - 2。

表 10 - 1　列车运行线表示方法

列车种类	表示方法	备注
旅客列车（包括行邮列车、动车组检测车）	红单线 ———	以车次区分
临时旅客列车	红单线加红双杠 — ‖ — ‖ —	
回送客车底	红单线加红方框 —□—□—	
行包列车	蓝单线加红圈 —○—○—	
"五定"班列	蓝单线加蓝圈 —○—○—	
快运货物、直达、单元重载货物列车	蓝单线 ———	以车次区分
组合重载货物列车	蓝色断线 -------	2 万吨、1 万吨组合重载列车以车次区分
直通、自备车、区段、小运转列车	黑单线 ———	以车次区分
冷藏列车	黑单线加红圈 —○—○—	
军用列车	红色断线 -------	
回送军用列车	红色断线加红方框 --□--□-	
超限超重货物列车	黑单线加黑方框 —□—□—	
摘挂列车	黑单线加"＋""|" — ＋ —	—	
路用列车、试运转列车	黑单线加蓝圈 —○—○—	车次区分
单机	黑单线加黑三角 —▷—▷—	
高级专列及先驱列车	红单线加红箭头 — → — → —	
救援和除雪列车	红单线加红"×" —×—×—	
重型轨道车、轻油动车	黑单线加黑双杠 — ‖ — ‖ —	

表 10 – 2　全路列车车次编定表

列车种类		车次范围	列车种类		车次范围
一、旅客列车					
1. 高速动车组旅客列车		G1 – G9998	7. 普通旅客列车		1001 – 7598
其中	跨局	G1 – G5998	（1）普通旅客快车		1001 – 5998
	管内	G6001 – G9998	其中	跨三局及其以上	1001 – 1998
2. 城际动车组旅客列车		C1 – C9998		跨两局	2001 – 3998
其中	跨局	C1 – C1998		管内	4001 – 5998
	管内	C2001 – C9998	（2）普通旅客慢车		6001 – 7598
3. 普通动车组旅客列车		D1 – D9998	其中	跨局	6001 – 6198
其中	跨局	D1 – D3998		管内	6201 – 7598
	管内	D4001 – D9998	8. 通勤列车		7601 – 8998
4. 直达特快旅客列车		Z1 – Z9998	9. 临时旅客列车		L1 – L9998
5. 特快旅客列车		T1 – T9998	其中	跨局	L1 – L6998
其中	跨局	T1 – T4998		管内	L7001 – L9998
	管内	T5001 – T9998	10. 旅游列车		Y1 – Y998
6. 快速旅客列		K1 – K9998	其中	跨局	Y1 – Y498
其中	跨局	K1 ~ K6998		管内	Y501 – Y998
	管内	K7001 – K9998	11. 动车组检测车		DJ5501 – DJ5598
			12. 回送出入厂客车底列车		001 – 00298
			13. 回送图定客车底		在原车次前冠以"0"
			14. 因故折返旅客列车		在原车次前冠以"F"
二、行包专列　X1 – X998					
1. 行邮特快专列		X1 – X198	行包快运专列		X201 – X998
三、货物列车					
1. 直达货物列车		80001 – 87998	3. 区段货物列车		30001 – 39998
		10001 – 19998	4. 摘挂列车		40001 – 44998
其中：货运五定班列车		80001 – 81748	5. 小运转列车		45001 – 49998
快运货物列		81751 – 81998	6. 超限货物列车		70001 – 70998
煤炭直达列车		82001 – 84998	7. 万吨货物列车		71001 – 72998
石油直达列车		85001 – 85998	8. 冷藏列车		73001 – 74998
始发直达列车		86001 – 86998	9. 军用列车		90001 – 91998
空车直达列车		87001 – 87998	10. 自备车列车		60001 – 69998
技术直达列车		10001 – 19998	11. 抢险救灾列车		95001 – 97998
2. 直通货物列车		20001 – 29998			

列车种类		车次范围	列车种类	车次范围
四、单机和路用列车				
1. 单机		50001 - 52998	3. 试运转列车	55001 - 55998
其中	客车单机	50001 - 50998	4. 轻油动车、轨道车	56001 - 56998
	货车单机	51001 - 51998	5. 路用列车	57001 - 57998
	小运转单机	52001 - 52998	6. 救援列车	58101 - 58998
2. 补机		53001 - 54998		

注：冠于车次数字前的字母按汉字读音："G"读"高"；"C"读"城"；"D"读"动"；"Z"读"直"；"T"读"特"；"K"读"快"；"L"读"临"；"Y"读"游"；"DJ"读"动检"；"F"读"返"；"X"读"行"。

3. 列车运行图的分类

按铁路线路的技术设备、列车运行速度、上下行方向的列车数量、列车的运行方式等条件，列车运行图可以分为多种不同类型的列车运行图。

（1）按照区间正线数。

1）单线运行图。在单线区段，上下行方向列车都在同一正线上运行，因此，两个方向列车必须在车站上进行交会，如图 10 - 5 所示。

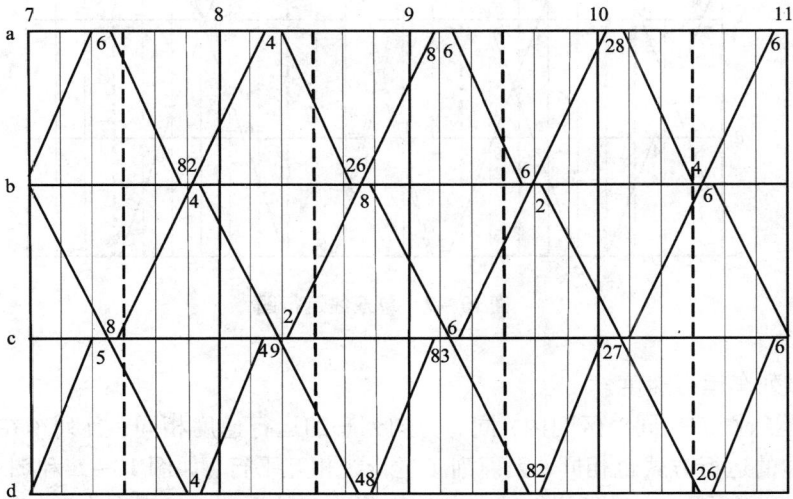

图 10 - 5　单线成对平行运行图

2）双线运行图。在双线区段，上下行方向列车在各自的正线上运行，因此，上下行方向列车的运行互不干扰，可以在区间内或车站上交会。但列车的越行必须在车站上进行，如图 10 - 6 所示。

3）单双线运行图。在有部分双线的区段，单线区间和双线区间各按单线运行图和双线运行图的特点铺画运行线，如图 10 - 7 所示。

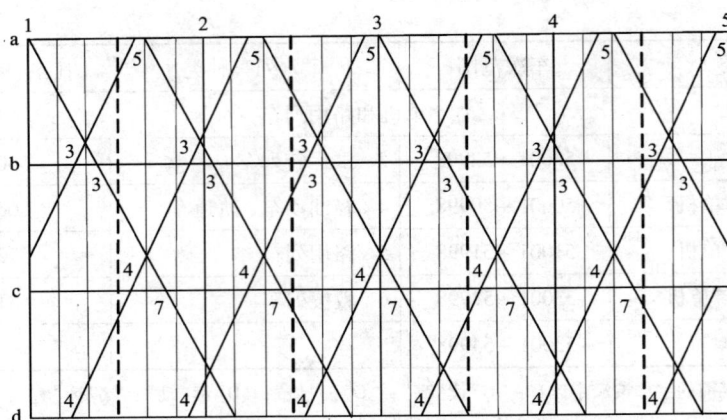

图 10 - 6　双线成对平行运行图

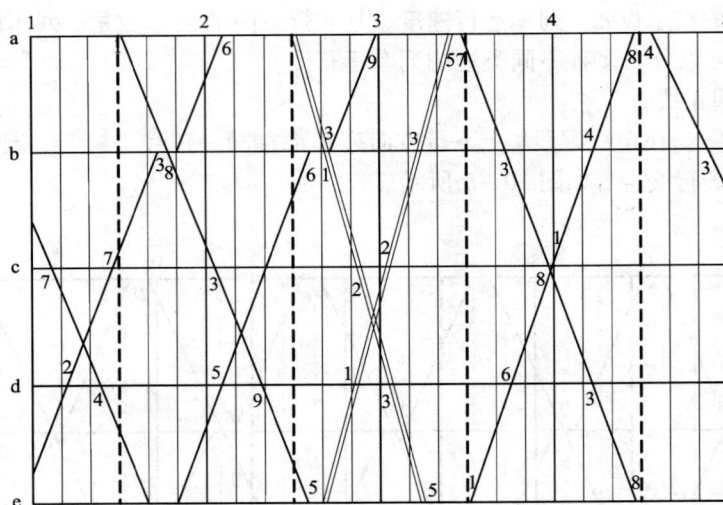

图 10 - 7　单双线运行图

（2）按照列车运行速度。

1）平行运行图。在同一区间内，同一方向列车的运行速度相同，且列车在区间两端站的到、发或通过的运行方式也相同，因而列车运行线相互平行，如图 10 - 5 和图 10 - 6 所示。

2）非平行运行图。在运行图上铺有各种不同速度的列车，且列车在区间两端站的到、发或通过的运行方式不同，因而列车运行线不相平行，如图 10 - 7 所示。

（3）按照上下行方向列车数。

1）成对运行图。这是上下行方向列车数相等的列车运行图，如图 10 - 5 和图 10 - 6 所示。

2）不成对运行图。这是上下行方向列车数不相等的列车运行图，如图 10 - 8 所示。

（4）按照同方向列车运行方式。

1）连发运行图。在这种运行图上，同方向列车的运行以站间区间为间隔。单线区段采取这种运行图时，在连发的一组列车之间不能铺画对向列车，如图 10 - 8 所示。

2）追踪运行图。在这种运行图上，同方向列车的运行以闭塞分区为间隔，在装有自动闭塞的单线或双线区段上采用，如图 10 – 9 所示。

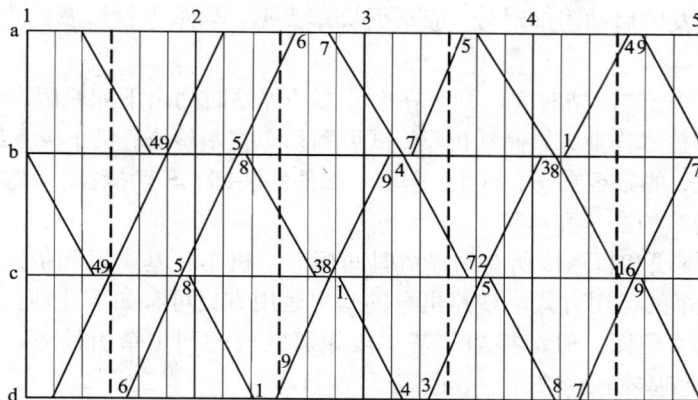

图 10 – 8　单线不成对运行图

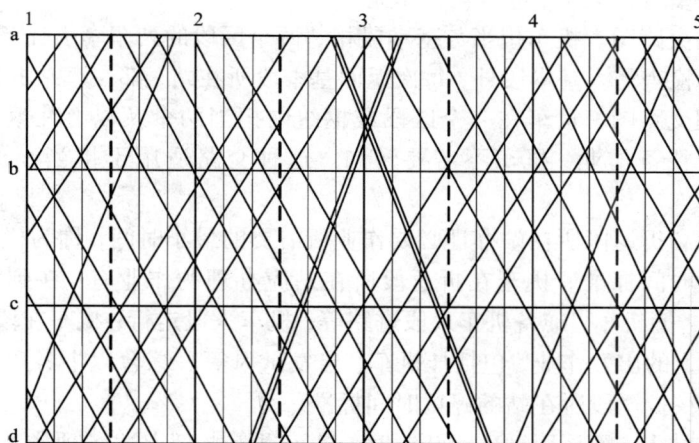

图 10 – 9　双线追踪非平行运行图

10.1.2　列车运行图要素

1. 概述

列车运行图虽有各种不同的类型，但它总是由一些基本要素所组成。因此，在编制列车运行图之前，必须首先确定组成列车运行图的各项要素。

列车运行图要素包括：列车区间运行时分；列车在中间站的停站时间；机车在基本段和折返段所在站的停留时间标准；列车在技术站、客运站和货运站的技术作业过程及其主要作业时间标准；车站间隔时间；追踪列车间隔时间。

（1）列车区间运行时分。列车区间运行时分是指列车在两相邻车站或线路所之间的运行时间标准，它由机务部门采用牵引计算和实际试验相结合的方法进行查定。

由于旅客列车和货物列车的运行速度各不相同，上下行方向的线路平面、纵断面条件和列车重量也不相同，所以列车区间运行时分应按各种列车和上下行方向分别查定。此外，列车区间运行时分还应根据列车在每一区间两个车站上不停车通过和停车两种情况分别查定。列车不停车通过两个相邻车站所需的区间运行时分称为纯运行时分。列车到站停车的停车附加时分和停站后出发的启动附加时分，应根据机车类型、列车重量以及进出站线路平面、纵断面条件查定。

（2）列车在中间站的停站时间。列车在中间站的停站时间由下列原因产生：

1）进行必要的技术作业，如摘挂机车，试风和列车技术检查，机车乘务组换班等。

2）客货运作业，如旅客乘降，行李、包裹、邮件的装卸，车辆摘挂，货物的装卸等。

3）列车在中间站的会车和越行。

（3）机车在基本段和折返段所在站停留时间标准。机车在基本段和折返段所在站停留时间标准，取决于机车的运用方式。铁路机车的基本运用方式可有如下几种：

1）肩回运转制交路图。机车担当与基本段相邻区段的列车牵引任务。除需进折返段整备外，机车每次返回基本段所在站时，也需要入段作业。

2）半循环运转制交路图。机车担当与基本段相邻两个区段的列车牵引任务，除需进折返段整备外，机车第一次返回基本段所在站时不入段，继续牵引列车向前方区段运行，到第二次返回基本段所在站时，才入段进行整备作业。

3）循环运转制交路图。机车担当与基本段相邻两个区段的列车牵引任务，除需进折返段整备及因中间技术检查需入基本段外，每次返回基本段所在站，都在车站上进行整备作业。

4）环形运转制交路图。机车在一个区段或枢纽内担当两个及以上往返的列车牵引任务之后，才入段进行整备作业，机车不需要转向。这种交路适用于担当小运转列车的牵引任务。

机车在基本段和折返段所在站办理必要作业所需要的最小时间，称为机车在基本段和折返段所在站的停留时间标准。机车在折返段所在站应办理的作业有：在到发线上的到达作业，包括到达试风、摘机车、准备机车入段进路等；机车入段走行；机车在段内作业；机车出段走行；在到发线上的出发作业，包括挂机车、出发试风等。综合以上各项作业所需要的时间，便可得出机车在折返段所在站的停留时间标准。

在基本段所在站上，不采用循环运转制时，机车也需办理上述各项作业，而且整备作业要更加细致，因而整备时间也要更长。

在编制运行图前，机务部门必须对每一牵引区段的机车分别查定办理各项作业的时间标准，并规定机车在基本段和折返段所在站的停留时间标准。

（4）列车在技术站和客货运站的技术作业时间标准。为了保证车站与区段工作协调，必须编制与车站技术作业过程相配合的列车运行图。因此，在编制列车运行图时，需具备技术站、客货运站技术作业过程的主要作业时间标准，它包括：

1）在到发车场内办理各种列车作业的时间标准；

2）在驼峰或牵出线上解体和编组列车的时间标准；

3）旅客列车车列在配属段、折返段所在站的停留时间标准；

4）货物站办理整列或成组装卸作业时间标准。

2. 车站间隔时间

车站间隔时间是指在车站上办理两列车的到达、出发或通过作业所需要的最小间隔时间。在查定车站间隔时间时，应遵守有关规章的规定及车站技术作业时间标准，以保证行车安全和最有效地利用区间通过能力。

常用的车站间隔时间包括不同时到达间隔时间、会车间隔时间、同方向列车连发间隔时间、同方向列车不同时发到间隔时间和不同时到发间隔时间等几种，其值大小与车站信号、道岔操纵方法，车站邻接区间的行车闭塞方法，以及车站类型，接近车站线路的平、纵断面情况，机车类型，列车重量和长度等因素有关。在编制新列车运行图之前，每个车站都应根据具体条件，查定各种车站间隔时间。

（1）不同时到达间隔时间（$\tau_{不}$）。在单线区段，来自相对方向的两列车在车站交会时，从某一方向列车到达车站时起，至相对方向列车到达或通过该站时止的最小间隔时间，称为不同时到达间隔时间，如图 10 – 10 所示。

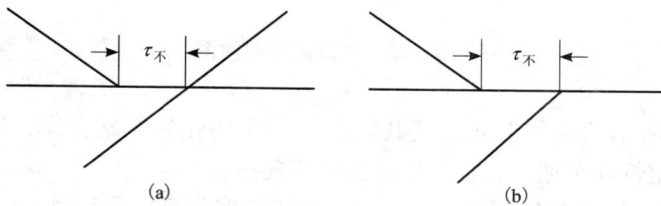

图 10 – 10　不同时到达间隔时间图

（a）后车通过；（b）后车停站

（2）会车间隔时间（$\tau_{会}$）。在单线区段，自列车到达或通过车站时起，至由该站向同一区间发出另一对向列车时止的最小间隔时间，称为会车间隔时间，如图 10 – 11 所示。

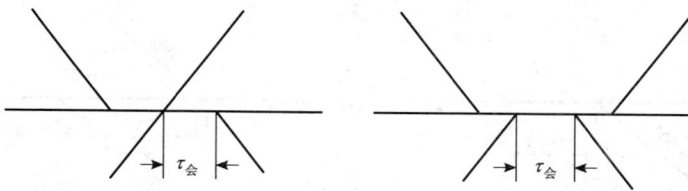

图 10 – 11　会车间隔时间图

（3）同方向列车连发间隔时间（$\tau_{连}$）。在单线或双线区段，从列车到达或通过前方邻接车站时起，至由车站向该区间再发出另一同方向列车时止的最小间隔时间，称为同方向列车连发间隔时间。根据列车在前后两站停车或通过的不同情况，连发间隔时间可有下列四种形式：

1）两列车通过前后两车站，如图 10 – 12（a）所示；

2）第一列车在前方站停车，第二列车在后方站通过，如图 10 – 12（b）所示；

3）第一列车在前方站通过，第二列车在后方站停车，如图 10 – 12（c）所示；

4）两列车在前后两站均停车，如图 10 – 12（d）所示。

按照连发间隔时间组成因素的不同，可以将上述四种形式的连发间隔时间归纳为两种类型。第一种类型为如图 10 – 12（a）、（b）所示的两种形式，其共同点是列车均在后方站通过，其不同点仅在于前者是前方站值班员监督列车通过，后者是监督列车到达。第二种类型为如

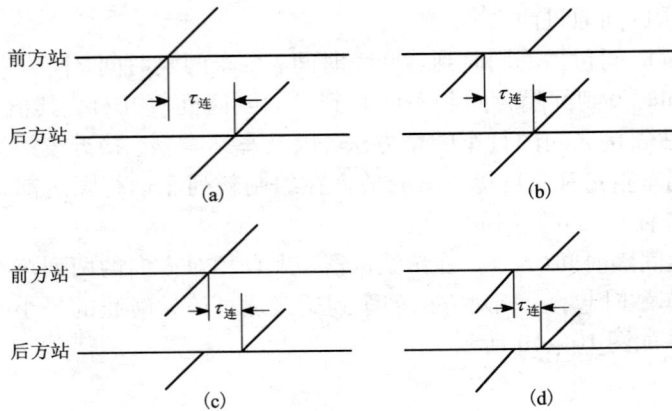

图 10 – 12　连发间隔时间图

图 10 – 12(c)、(d)所示的两种形式。其共同点是列车均在后方站停车,其不同点仅在于前者是前方站值班员监督列车通过,后者是监督列车到达。

(4)同方向列车不同时到发间隔时间($\tau_{到发}$)和不同时发到间隔时间($\tau_{发到}$)。

自某方向列车到达车站时起,至由该站发出另一同方向列车时止的最小间隔时间,称为同方向列车不同时到发间隔时间。自列车由车站发出时起,至同方向列车到达车站时止的最小间隔时间,称为同方向列车不同时发到间隔时间。这两种间隔时间在运行图上的表现形式如图 10 – 13 所示。

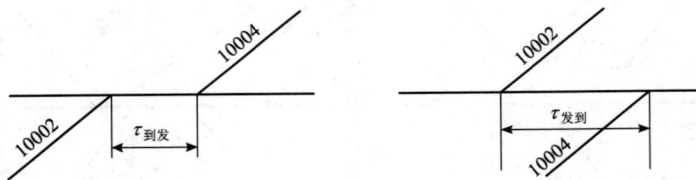

图 10 – 13　同方向列车不同时到发和不同时发到间隔时间图

凡禁止办理同时接发同方向列车的车站,都必须查定同方向列车不同时到发间隔时间和不同时发到间隔时间。

(5)相对方向列车不同时通过间隔时间($\tau_{通}$)。

在一端连接双线区间、另一端连接单线区间的车站(或线路所)上,两个相对方向的列车不同时通过该站(或线路所)的最小间隔时间,称为相对方向列车不同时通过间隔时间。

3. 追踪列车间隔时间

在自动闭塞区段,一个站间区间内同方向可有两列或两列以上列车,以闭塞分区间隔运行,称为追踪运行。追踪运行列车之间的最小间隔时间,称为追踪列车间隔时间 I,如图 10 – 14 所示。追踪列车间隔时间,决定于同方向列车间隔距离、列车运行速度及信联闭设备类型。

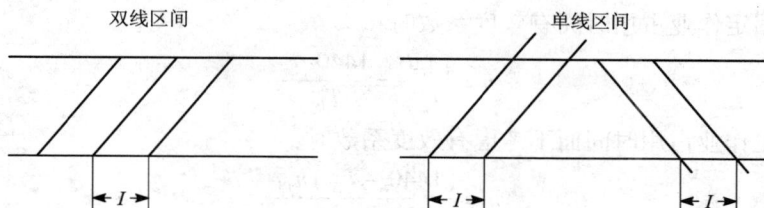

图 10 - 14　追踪列车间隔时间图

10.1.3　铁路区段通过能力

1. 铁路通过能力概述

为了实现运输生产过程，完成国家规定的运输计划，满足国民经济和国防建设的需要，铁路必须具备一定的运输能力。铁路运输能力一般采用通过能力和输送能力两种概念。

在采用一定类型的机车车辆和一定的行车组织方法条件下，铁路区段的各种固定设备，在单位时间内（通常指一昼夜）所能通过的最多列车数或对数称为铁路通过能力。

铁路区段通过能力由多种运输设备配合形成，主要取决于区间、车站、机务段设备和整备设备、电气化铁路的牵引供电设备等固定设备。

2. 平行运行图通过能力

（1）计算平行运行图通过能力的基本原理。在平行运行图上，同一区间内同方向列车的运行速度都是相同的，并且上下行方向列车在同一车站上都采取相同的交会方式。从这种运行图上可以看出，任何一个区间的列车运行线，总是以同样的铺画方式一组一组地反复排列的。一组列车占用区间的时间，称为运行图周期 $T_{周}$。图 10 - 15 给出了不同类型的运行图周期。不同类型的运行图周期所包含的上下行列车数可能是不同的。若一个运行图周期内所包含的列车对数或列数用 $n_{周}$ 表示，则放行一列或一对列车平均占用该区间时间应为：

$$t_{占均} = \frac{T_{周}}{n_{周}} \tag{10-1}$$

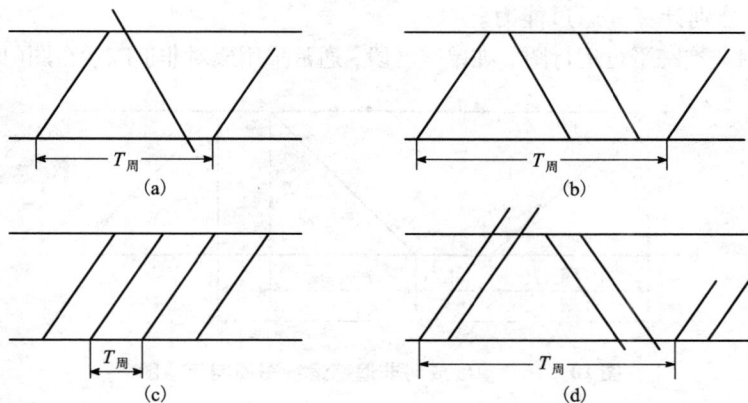

图 10 - 15　不同类型运行图周期示意图

（a）类型一；（b）类型二；（c）类型三；（c）类型四

因而，对于一定类型平行运行图区间通过能力 n，应用直接计算法可按如下公式计算：

当不考虑固定作业占用时间有效度系数时：

$$n = \frac{1440}{t_周} = \frac{1440 n_周}{T_周} \qquad (10-2)$$

当考虑固定作业占用时间而不考虑有效度系数时：

$$n = \frac{(1440 - T_固) n_周}{T_周} \qquad (10-3)$$

当同时考虑固定作业占用时间和有效度系数时：

$$n = \frac{(1440 - T_固) n_周 d_{有效}}{T_周} \qquad (10-4)$$

式中：固定作业时间（$T_固$）是指为进行线路养护维修、技术改造施工、电力牵引区段接触网检修等作业，须预留的固定占用区间时间，以及必要的列车慢行和其他附加时分，但双线区段施工期间组织反向行车时，应扣除利用非施工方向放行列车所节省的时间；有效度系数（$d_{有效}$）是指扣除设备故障和列车运行偏离、调度调整等因素所产生的技术损失后，区间时间可供有效利用的系数，一般可取 0.91～0.88。

运行图周期系由列车（一个或几个列车）区间纯运行时分 $\sum t_运$、起停车附加时分 $\sum t_{起停}$ 以及车站间隔时间 $\sum \tau_站$ 所组成，即：

$$T_周 = \sum t_运 + \sum t_{起停} + \sum \tau_站 (\min) \qquad (10-5)$$

一般情况下列车在各区间的运行时分不相同，各车站的间隔时间也可能不同，所以每一区间的 $t_周$ 常常是不等的。从上述公式可以看出，通过能力大小与 $T_周$ 成反比，$T_周$ 越大，通过能力越小。在整个区段里，$T_周$ 最大的区间也就是通过能力最小的区间，称为该区段的限制区间。限制区间的通过能力即为该区段的区间通过能力。

列车区间运行时分，对运行图周期的大小起主要作用。在运行图周期里 $\sum t_运$ 最大的区间，称为困难区间。大多数情况下，困难区间往往就是限制区间，但有的区间虽然本身不是困难区间，由于车站间隔时间数值较大，而成了限制区间。

如前所述，在不同类型的运行图里，$T_周$ 的组成及 $n_周$ 的数值是不同的。因此，必须对不同类型的运行图分别计算其通过能力。

（2）单线成对非追踪平行运行图。在单线区段，通常采用成对非追踪运行图（见图 10-16）。

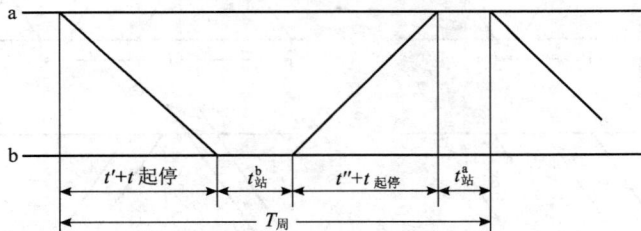

图 10-16　单线成对非追踪运行图周期示意图

周期可用下式表示：

$$T_周 = t' + t'' + \tau_站^a + \tau_站^b + \sum t_{起停} (\min) \qquad (10-6)$$

式中：t'、t'' 分别为上下行列车的区间纯运行时分，$\min$；$\tau_站^a$、$\tau_站^b$ 分别为 a、b 站的车站间隔时间，$\min$；$\sum t_{起停}$ 列车起停附加时分，$\min$。

由于一个周期内所包含的列车数为一对（即 $n_周 = 1$），因此只要将（$n_周 = 1$）代入式（10 - 2）、式（10 - 3）和式（10 - 4），即可得相应区间通过能力。

为了使区段通过能力达到最大，应当使限制区间的 $T_周$ 数值尽量缩小。在采用一定类型的机车和一定的列车重量标准的条件下，区间运行时分 $\sum t_运$ 是固定不变的。因而想要缩小 $T_周$，只有设法缩小 $\sum t_{起停} + \sum \tau_站$ 的数值。通过在限制区间合理地安排列车运行线的铺画方案，是可以达到上述目的的。如图 10 - 17 所示，运行图上列车运行线的可能铺画方案有四种。

1）上下行列车不停车通过车站而进入区间，如图 10 - 17（a）所示，运行图周期为：

$$T_周 = t' + t'' + \tau_站^a + \tau_站^b + 2t_停 (\min)$$

2）上下行列车不停车通过车站而开出区间，如图 10 - 17（b）所示，运行图周期为：

$$T_周 = t' + t'' + \tau_不 + \tau_会 + 2t_起 (\min)$$

3）下行列车不停车通过区间两端车站，如图 10 - 17（c）所示，运行图周期为：

$$T_周 = t' + t'' + \tau_不^a + \tau_会^b + t_起 + t_停 (\min)$$

4）上行列车不停车通过区间两端车站，如图 10 - 17（d）所示，运行图周期为：

$$T_周 = t' + t'' + \tau_会^a + \tau_不^b + t_起 + t_停 (\min)$$

在选择限制区间列车运行线的合理铺画方案时，应考虑到区间两端车站的具体条件。例如，在 a 站（见图 10 - 17）下行出站方向有较大上坡道时，如果采用下行列车在 a 站停车进入区间的方案，就有可能造成下行列车出发启动困难，这时就应选用下行列车通过 a 站而 $T_周$ 又是较小的方案。

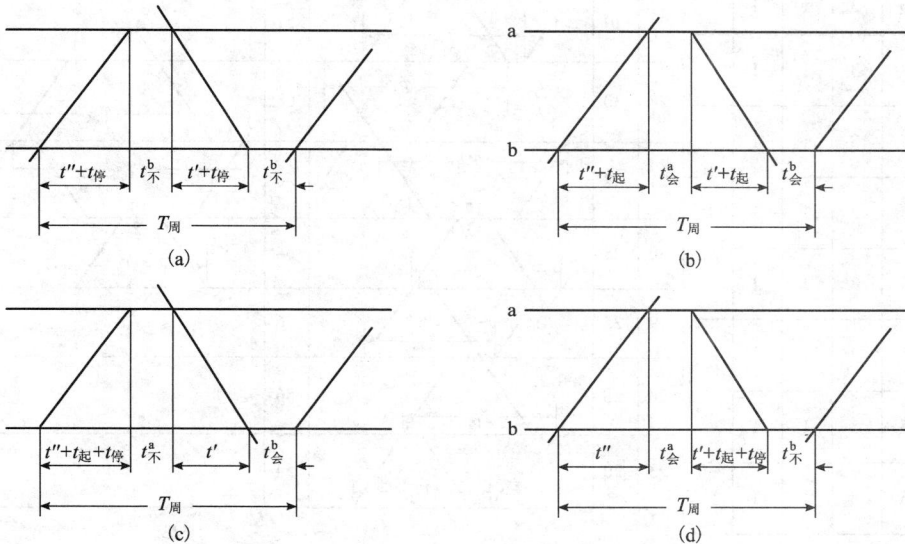

图 10 - 17 列车运行线铺画方案示意图

中间站的技术作业停留时间，对两相邻区间的通过能力会产生不良影响，并可能因而使相邻区间中的一个成为区段的限制区间，因此，必须研究采取消除或减少这种影响的措施。由图 10 - 18 可见，当技术作业停车站的邻接区间可能成为限制区间时，应使 $T_周^{a-b}$ 和 $T_周^{b-c}$ 尽量缩小，并尽可能使 $T_周^{a-b} = T_周^{b-c}$，即：

$$t'_{a-b} + t''_{a-b} + t''_站 + t_3 + \tau_站^a + \sum t_{起停} = t'_{b-c} + t''_{b-c} + t'_站 + t_3 + \tau_站^c + \sum t_{起停}$$

若令　　$t'_{a-b} + t''_{a-b} + t''_站 + \tau^a_站 + \sum t_{起停} = T_{a-b}$

则　　　　　　$t_3 = \dfrac{1}{2}(T_{a-b} - T_{b-c})$　　　　（10 - 7）

从而　　　　　　$T_周 = T_{b-c} + t_3$　　　　（10 - 8）

当 $T_{a-b} > T_{b-c}$ 时，t_3 为正值，即应先从 b - c 区间接入列车。反之，当 $T_{a-b} < T_{b-c}$ 时，t_3 为负值，则应先从 a - b 区间接入列车。但此时必须保证 $t_1 \geqslant \tau^b_会$，即必须保证 $t_3 \leqslant t'_站 - \tau^b_会$（$t''_站$ 为先接入列车的技术作业停站时间），如果 b 站不允许同时接车，还必须保证 $t_3 \geqslant \tau^b_不$，此时，$T_周 \geqslant T_{b-c} + \tau^b_不$，否则需要进行调整。

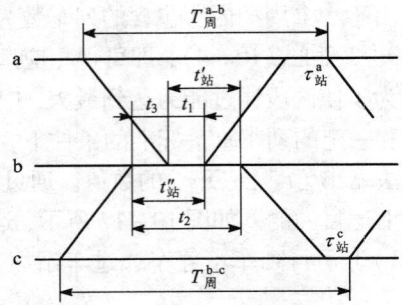

图 10 - 18　列车会车与技术作业停站时间关系示意图

例题：A - B 区段为单线半自动闭塞区段，有关资料见图 10 - 19。选择合理会车方案时，一般先从困难区间（$\sum t_运$ 最大的区间）a - b，或从邻接技术作业停车站的区间 b - c、c - d 开始，依次进行选择，即可得第一方案。分别计算该方案每一区间的 $T_周$，可以看出 a - b 区间的 $T_周$ 最大。

车站	$t_不$	$t_会$	$t_起$	$t_停$	技术作业	运行时分		方案1		方案2	
						上行	下行	会车方案	$T_周$	会车方案	$T_周$
A	5	3	1	1		21	19		51		
a	5	3	1	1		28	30		68		66
b	5	3	1	1		21	22		66		66
c	5	3	1	1	10	30	25		64		66
d	5	3	1	1		19	25		56		
e	5	3	1	1		20	28		56		
f	5	3	1	1		23	20		54		
B	5	3	1	1							

图 10 - 19　列车交会方案

对第一方案中 a - b 区间的会车方式加以分析可以看出，它并不是最优的铺画方案，而以上下行列车不停车通过车站开出区间的方式为最优方案。但是，当在 a - b 区间采用最优铺画方案时，将使 b - c 区间的运行图周期加大，而成为 $T_周$ 最大的区间。为此，可利用 $t_3 = \dfrac{1}{2}(T_{c-d} - T_{b-c}) = \dfrac{1}{2}(71 - 61) = 5$ 的关系，调整 b - f 和 f - d 区间的铺画方案，使 $T^{b-a}_周 = T^{c-d}_周$。

这时 $t_3 \geqslant \tau_{\text{不}}^c$，$t_1 \geqslant \tau_{\text{会}}^c$，所以不用调整而得第二方案。在第二方案中，a－b、b－c 及 c－d 三个区间的 $T_{\text{周}}$ 都相等，同时再也找不出使 $T_{\text{周}}$ 进一步缩小的其他会车方式，这样，第二方案便成为通过能力最大的方案，a－b、b－c 及 c－d 区间为全区段的限制区间。这时，不考虑 $T_{\text{周}}$ 和 $d_{\text{有效}}$ 的区间通过能力为：

$$n = \frac{1440}{T_{\text{周}}} = \frac{1440}{66} \approx 21.5（对）$$

通过能力应保留小数点后一位，平行运行图通过能力不进位为 0.5 或 1.0，非平行运行图通过能力以对数表示时，不足 0.5 对者舍去，0.5 对以上但不足 1 对者按 0.5 对计算，以列数表示时，不足 1 列者舍去。

3. 非平行运行图通过能力

非平行运行图的通过能力，是指在旅客列车数量及其铺画位置既定的条件下，该区段一昼夜内所能通过的货物列车和旅客列车对数（或列数）。计算非平行运行图通过能力的方法有两种：

（1）图解法。在运行图上首先铺画旅客列车，然后在旅客列车间隔内，铺画其他货物列车（包括摘挂列车）。在运行图上所能最大限度铺画的客货列车总数即为该区段的非平行运行图的通过能力。图解法比较精确，但较烦琐，故只在特殊需要时采用。

（2）分析法。在一般情况下，铁路上开行的旅客列车和快运货物列车数远比一般货物列车数少，在运行图上只占一小部分，而运行图的大部分仍具有平行运行图的特征。因此，在计算非平行运行图的通过能力时，仍可以利用平行运行图所具有的明显的规律性，先确定平行运行图的通过能力，然后根据开行快速列车对货物列车的影响，扣除由于受这种影响而不能开行的货物列车数，以及因开行摘挂列车而减少开行的货物列车数，即可求得非平行运行图的通过能力。

根据旅客列车和摘挂列车的扣除系数，可以近似地计算非平行运行图的通过能力 $n_{\text{非}}$，计算公式为：

$$n_{\text{货}}^{\text{非}} = n - \varepsilon_{\text{客}} n_{\text{客}} - (\varepsilon_{\text{快货}} - 1) n_{\text{快货}} - (\varepsilon_{\text{摘挂}} - 1) n_{\text{摘挂}} \qquad (10-9)$$

$$n_{\text{非}} = n_{\text{货}}^{\text{非}} + n_{\text{客}} \qquad (10-10)$$

式中：$n_{\text{货}}^{\text{非}}$ 为非平行运行图的货物列车通过能力（包括快运货物列车和摘挂列车在内）；$n_{\text{客}}$、$n_{\text{快货}}$、$n_{\text{摘挂}}$ 分别为在运行图上铺画的旅客列车、快运货物列车、摘挂列车对数或列数；$\varepsilon_{\text{客}}$、$\varepsilon_{\text{快货}}$、$\varepsilon_{\text{摘挂}}$ 分别为旅客列车、快运货物列车、摘挂列车的扣除系数。

扣除系数是指因铺画一对或一列旅客列车、快运货物列车或摘挂列车，须从平行运行图上扣除的货物列车对数或列数。

10.1.4　列车运行图的编制

1. 列车运行图编图资料及要求

随着铁路客货运量的日益增长和运输市场的发展变化，铁路技术设备和运输组织工作的不断改进，以及列车牵引重量和运行速度的逐步提高，每经过一定时期，就有必要重新编制一次列车运行图。

全路列车运行图的编制或调整工作，按铁道部统一规定进行。必要时，各局可在运行图实行期间对管内列车进行局部调整。为了适应运量波动和线路施工的需要，除了编制基本运行图外，还可以根据具体情况，编制各种分号运行图。

列车运行图的编制，在铁道部统一领导下，由各铁路局负责做好具体工作。

铁道部由运输、机务、车辆、工务、电务、计划等有关部门负责人组成领导小组，负责编图的组织领导工作，确定编图的原则、任务和步骤，组织有关铁路局协商拟订全路跨局旅客列车运行方案，解决局间列车交接的有关问题，审查各局提报的编图资料和各局编制的列车运行图。

各铁路局也由运输、客运、机务、车辆、工务、电务等部门的有关人员组成编图小组，按照铁道部的统一部署，认真准备好编图资料，负责完成本局的运行图编制工作。

铁路局有关部门应按时向铁道部有关业务局上报下列各项编图资料：

(1)各区段各种客货列车行车量；

(2)车站间隔时间和追踪列车间隔时间，以及必要的列车运行图缓冲时间；

(3)各区段通过能力；

(4)客货列车停车站名和停站时间标准；

(5)各技术站主要技术作业时间标准；

(6)客车车列在配属段、折返段停留时间标准；

(7)客货列车区间运行时分和起停车附加时分；

(8)各区段货物列车重量标准；

(9)机车在基本段和折返段作业时间标准，机车运用方式和乘务组工作制度；

(10)各区段线路允许速度；

(11)施工计划以及慢行地段和慢行速度；

(12)现行列车运行图完成情况的分析。

编制列车运行图时，必须满足如下要求：

(1)保证列车运行的安全。列车运行图必须符合《铁路技术管理规程》的有关规定，严格遵守行车的作业程序和时间标准。

(2)迅速、便利地运输旅客和货物。运行图上铺画的旅客列车应最大限度地为旅客提供方便条件，客、货列车对数应考虑到运量的波动程度，保证完成国家规定的运输任务。

(3)充分利用铁路通过能力，经济合理地运用机车车辆。在铺画列车运行线时，应消除各种不必要的停留时间，提高列车的旅行速度；要合理规定列车重量标准和机车运用方法；对直通列车要注意良好的衔接，以提高机车车辆的运用效率。同时，要妥善安排工务部门的施工计划，保证线路大修施工和日常运输两不误。

(4)应将区间通过能力利用率控制在一定的允许范围内，确保列车运行图具有一定的弹性，以适应日常运输生产和列车运行秩序变化的需要。

(5)列车运行图要与列车编组计划和车站技术作业过程相协调，使列车运行线与车流很好地结合起来。

(6)保证各站、各区段间工作的协调和均衡。在运行图上铺画列车运行线时，应力求在一昼夜内各个阶段大体均衡，以充分利用车站到发线和咽喉通过能力、车站改编作业能力，以及区间通过能力。

(7)合理安排乘务人员的作息时间，保证不超过规定的一次连续工作时间标准。

2. 旅客列车运行图的编制方法

在编制列车运行图时，一般先铺画旅客列车运行线，然后再在这个基础上铺画货物列车运行线。在铺画旅客列车运行线和货物列车运行线时，需要处理好各方面的关系，安排好整个方向上的列车运行线，以期提高运行图的编制质量。为此，列车运行图的编制通常分两步进行：第一步编制列车运行方案图，着重解决运行图的全面布局问题，它只是对每一方向画出各技术站间的列车运行线，而不详细画出经过每一车站的时刻，如图 10 - 20 所示；第二步根据方案图铺画详细的运行图，即详细规定出每一列车在各个车站上到、发或通过的时刻。

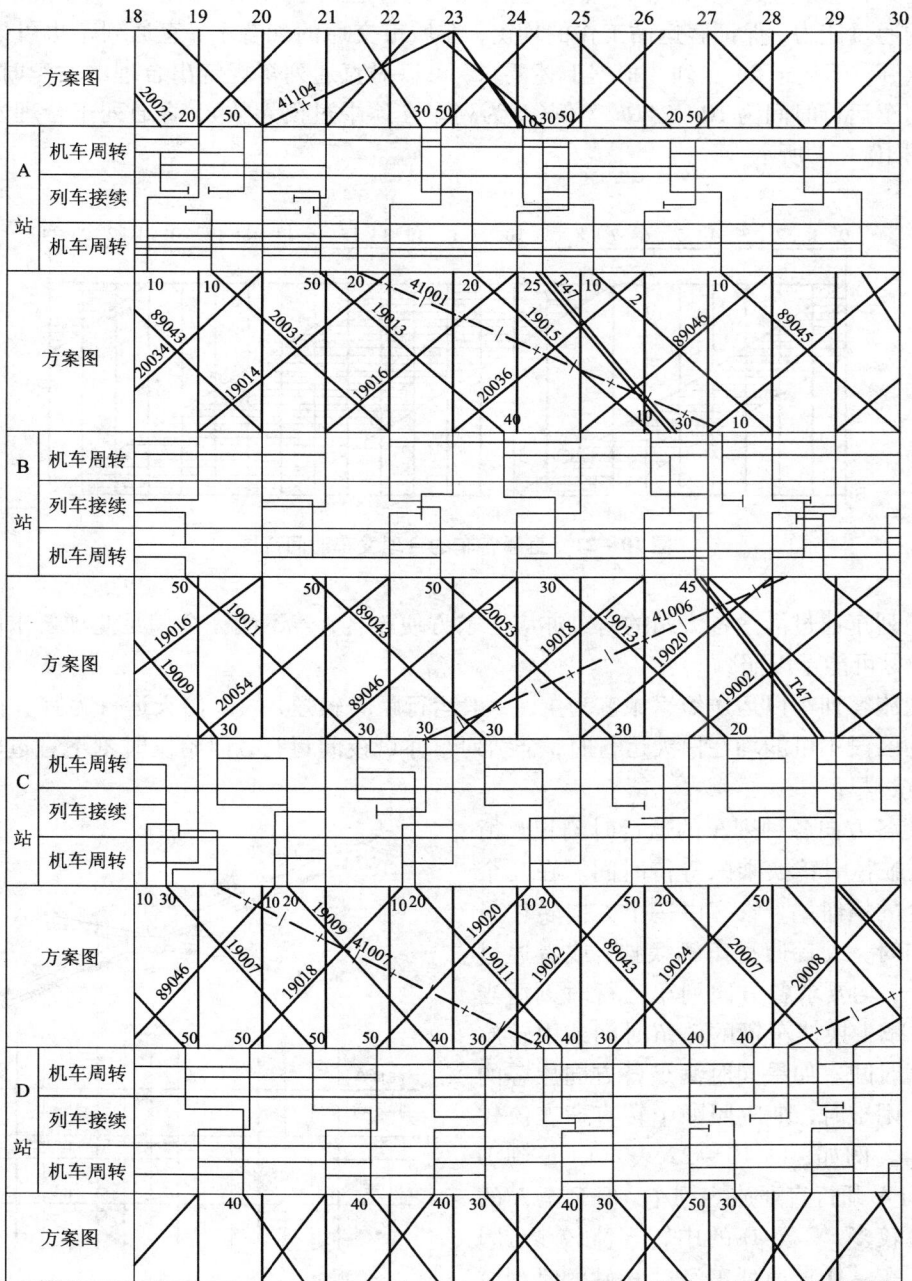

图 10 - 20　列车运行方案图

据此,编制旅客列车运行图,首先需编制旅客列车运行方案(简称客车方案)。编制客车方案主要解决如下几个方面的问题。

(1)方便旅客旅行。在安排旅客列车运行线时,必须把方便旅客旅行作为一项基本要求。

1)应规定适宜的旅客列车始发、终到和通过各主要站的时刻。对于运程适宜的大城市间开行的旅客列车,应尽可能按"夕发朝至"的要求安排列车始发和终到时刻。直通列车宜在下午或晚间开,但不宜过晚(迟于24点);宜在白天到,但不宜过早(早于6~7点)。为了提高客运站的通过能力,保证客运站工作的均衡,在城市交通的配合下,直通列车也可以规定不早于7点开,不晚于24点到。根据上述要求,可以对直通列车规定出合理的发车时刻范围。以全程列车运行时间为$10+24Dh$为例(D为列车在途中过夜天数),直通列车合理发车时刻范围如图10-21所示。

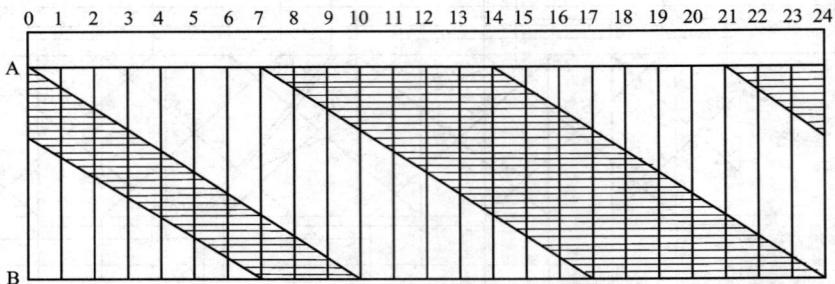

图10-21 直通客车的合理发车时间范围

直通列车通过沿途各大站的时刻亦应力求方便旅客,若不能完全满足此项要求时,应权衡轻重,尽可能予以照顾。

管内旅客列车以运送短途旅客为主,一般运行距离较短,故以白天运行为宜。在管内列车较多的区段不可能均在白天运行时,个别列车亦可夜间运行,但始发时刻不宜过晚,到达时刻不宜过早。

2)使各方向各种列车的运行时刻相互衔接,缩短旅客中转换乘的等待时间。在几个方向会合的枢纽站,旅客由一个方向转往另一个方向时,或者通过车辆换挂,或者通过中转换乘,均要求各方向列车运行时刻适当衔接,以减少换挂车辆的停留时间或中转旅客的候车时间。如果同时满足各方向旅客的要求确有困难时,则应照顾中转直通客流较大的方向。例如,图10-22表示由E到D及由C到A开行直通旅客列车,但E至A的中转客流较多,C至D的中转客流较少,因此C-A、E-D直通列车经过B站的时刻应照顾E-A方向中转旅客的方便。

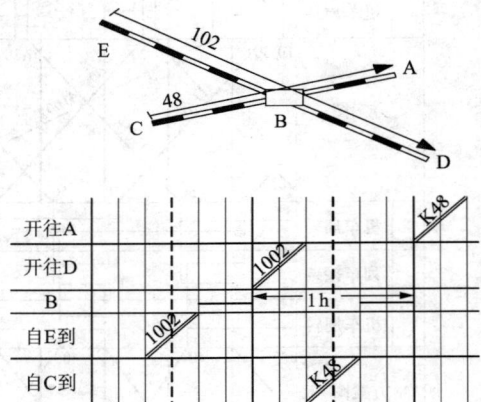

图10-22 直通旅客列车在枢纽站相互衔接图

　　管内旅客列车与直通旅客列车在运行时刻上亦应求其衔接配合，以便中小站出发的旅客由管内列车换乘直通列车，到达中小站的旅客由直通列车换乘管内列车。如管内列车数较多，则最好在直通列车前后各开一次管内列车，以利中小站旅客的换乘，其铺画方式如图 10−23 所示。

　　当管内旅客列车数较少而某一方向(例如上行方向)直通列车换乘管内列车的客流占优势时，亦可只在直通列车的后面开行一次管内列车，为优势方向客流服务，如图 10−24 所示。

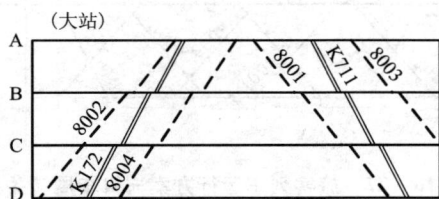

图 10−23　管内旅客列车与直通
旅客列车运行时刻的配合示意图

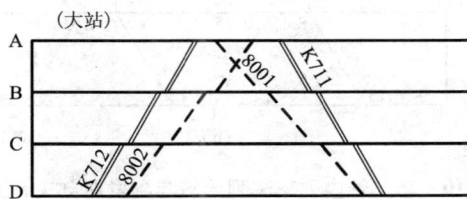

图 10−24　管内旅客列车与直通
旅客列车运行时刻的配合示意图

　　铁路旅客列车在时刻上与其他交通工具相互配合，对于方便旅客具有重要意义，在编制列车运行方案时亦应注意这方面问题。

　　(2)经济合理地使用机车车辆。直通与管内旅客列车的到发时刻，除应力求便利旅客外，还应照顾旅客车列(又称车底)和客运机车的经济合理地使用。

　　由图 10−25 及图 10−26 可以看出，若将去程列车的到发时刻与回程列车到发时刻结合起来考虑，并适当改变列车到发时刻，就有可能减少需要的车底数。

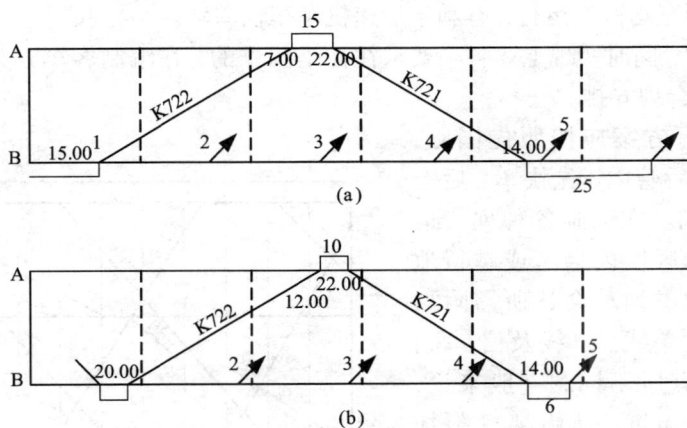

图 10−25　直通列车车列周转与到发时刻关系
(a)原方案；(b)调整后方案

　　旅客列车运行方案图上运行线的铺画方式，对客运机车的运用也有很大影响。如图 10−27 所示，通过适当调整列车的到发时刻，即可使机车由四台减少至三台。因此，在编制客车方案图时，在考虑为旅客提供方便及减少车列需要数的同时，必须注意加速机车周转。由于在编制方案图时，直通列车先于管内列车铺画，所以列车运行与机车周转相互配合问题，主要是在编制管内旅客列车运行方案时才有可能加以全面考虑。

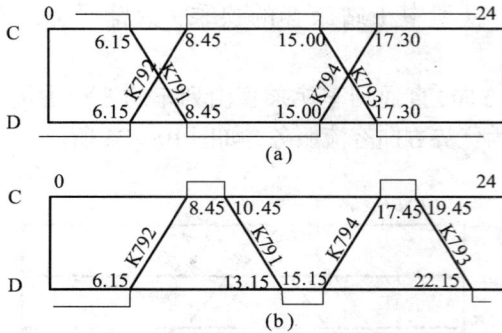

图 10 – 26 管内列车车列周转与到发时刻关系图

（a）原方案；（b）调整后方案

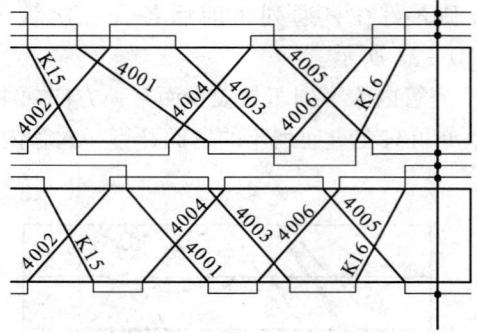

图 10 – 27 旅客列车运行方案与机车周转关系

（3）保证旅客列车运行与客运站技术作业过程的协调。由于旅客列车到发时刻的特殊要求，大客运站在一昼夜的某一段时间内，往往出现列车密集到达或出发的情况。在编制列车运行方案时，列车密集到发的间隔时间应与车站技术作业过程相协调，否则将不能保证车站正常接发列车。

大型客运站一般按方向设置候车室，因此同方向旅客列车的始发间隔时间，也应考虑到旅客站舍的负担，以免造成站内拥塞。

（4）为货物列车运行创造良好条件。实践证明，在客车方案图上尽可能均衡地铺画旅客列车运行线，不仅有利于车站客运设备的有效利用，有利于保证旅客列车的良好运行秩序，并且有利于货物列车均衡地运行，有利于加速机车车辆周转。

在实际工作中，同时实现上述各项要求往往是困难的，在编制客车方案时，应根据具体情况，权衡利弊，合理安排。

旅客列车运行方案应按照先国际、后国内，先直通，后管内，先快车、后慢车的顺序进行编制。在铺画各种列车运行方案时，应注意区段内会车或越行地点的设备条件，考虑列车会让所需附加时分。附加时分随单线、复线及信、联、闭设备的条件而有所不同。一般来说，会车附加 10 ~ 12 min，等待越行附加 30 ~ 35 min，如图 10 – 28 所示。

根据旅客列车运行方案，按照上述各种列车的铺画顺序，可在二分格运行

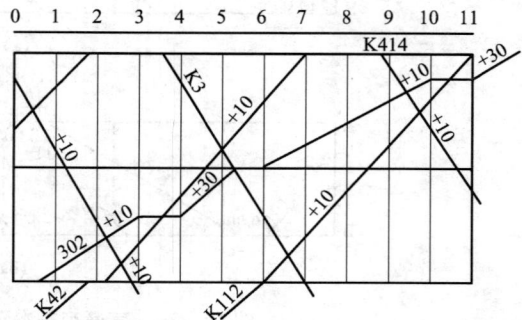

图 10 – 28 旅客列车会让额外增加时间图

图上详细铺画各种列车运行线，即所谓铺画详图。在编制列车运行详图时，除国际联运的旅客列车在国境站的接续时刻不得变更外，其他列车的运行时刻尚可作小量必要的调整，以便创造更好的会让和运行条件，与货物列车运行取得较好的配合。

3. 货物列车运行图的编制方法

（1）货物列车运行图的编制步骤。为了保证各邻接区段、各相邻铁路局间列车运行的紧密衔接，以及列车运行图与列车编组计划、车站技术作业过程、机车周转图的相互协调，在旅客列车运行图编制以后，货物列车运行线的铺画也可分两步进行，即先编方案图，然后再根据方案图编制详图。但在运量大、区间通过能力比较紧张的单线区段，由于在编方案图时很难对限制区间给予准确的安排，所以一般不编方案图，而直接在二分格运行图上编制详图。

编制方案图时，各种货物列车在每一区段的旅行时间，可按下列方法确定：

1）对于摘挂列车，根据区段管内货物列车铺画方案规定；

2）对于其他货物列车，在双线区段为各区间运行时分与列车在各中间站技术作业停站时分之和；单线区段为各区间运行时分与列车在各中间站平均停站时间之和。

（2）货物列车运行方案。在编制货物列车运行方案图时，应注意解决如下几方面的问题：

1）列车运行图与列车编组计划的配合。为了使列车运行图与列车编组计划相配合，编制列车运行图时必须做到：

①按照列车编组计划所规定的列车种类和列车数（并考虑适当波动），在运行图上铺画相应的货物列车运行线。

②对有稳定车流保证的定期运行列车，应在运行图上定出固定运行线，从始发站到终点站使用统一的车次，这种列车通过沿途各技术站时要有良好的接续，如图 10-29 所示。

③对没有稳定车流保证的技术直达列车和直通列车，在两编组站间

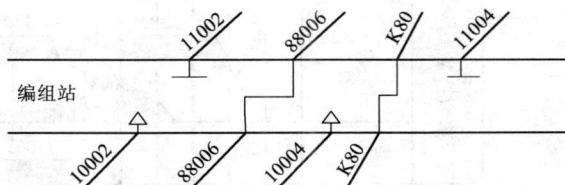

图 10-29　列车运行线紧密衔接图

使用直通列车车次。经过编组站时，相邻区段不同车次的运行线也要考虑适当的衔接，如图 10-29 所示。

④运行图上铺画的运行线，应与车流密切结合。例如装车地直达列车由始发站出发的时间，要结合有关厂矿、企业的生产和装车情况；空车直达列车的运行线要根据空车产生的规律，从始发站开始铺画，使运行线与车流最大限度地结合起来。

2）列车运行图与车站技术作业过程的配合。列车运行不均衡是导致货车在车站产生各种等待停留时间和浪费车站通过能力、改编能力的主要原因。因此，在编制运行图时应力求使各方向列车在技术站均衡到发，并使各方向改编列车和中转列车交错到开，为车站创造均衡而有节奏的工作条件。

由于受旅客列车铺画位置的影响，以及为保证邻局、邻区段货物列车有良好的运行条件，往往会造成货物列车运行线在运行图上不能均衡排列，而在一段时间内产生列车密集到开现象。在这种情况下，铺画运行图时应注意符合下列要求：

①列车到达技术站和由技术站出发的间隔时间，应考虑车站的到发线数目及列车占用到发线的时间，以保证车站能不间断地接发列车。

②到达技术站解体的列车，其间隔时间应与驼峰或牵出线的作业进度相适应，以减少列车待解停留时间。如图 10-30 所示，因解体列车到达间隔时间与车站技术作业过程相协调，

而不致产生待解时间。如果解体列车到达间隔时间与车站技术作业过程不协调（见图 10 - 31），则可能因而产生大量待解时间。

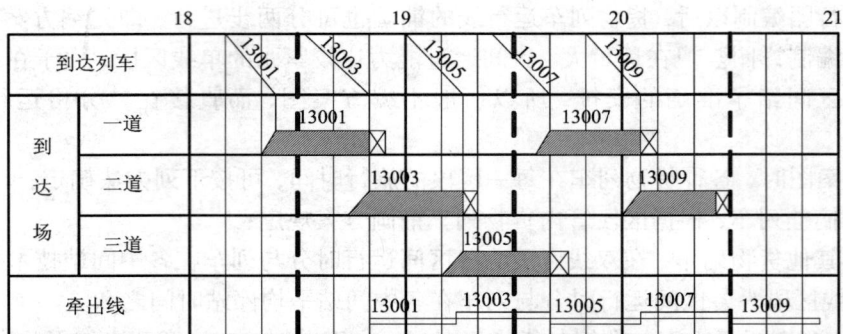

图 10 - 30　列车到达间隔与解体作业相协调图

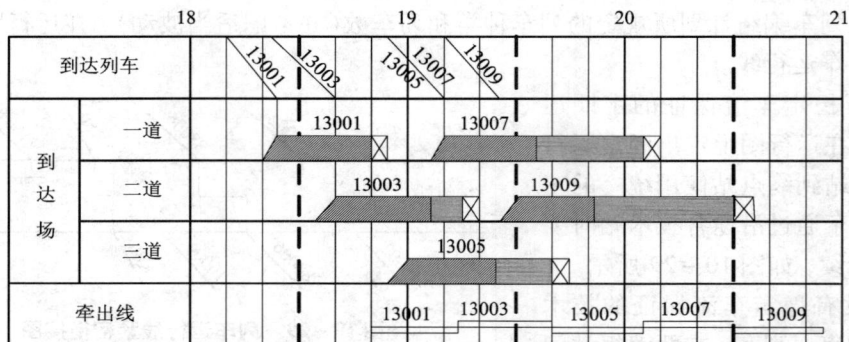

图 10 - 31　列车到达间隔与解体作业不相协调图

　　③由技术站编组出发的列车，其间隔时间应与编组牵出线的编组作业进度相适应，以减少待发停留时间。在编制列车运行图时，对于组织始发直达列车的车站，应使空车列车到达与重车列车出发之间的间隔与该站各项作业时间相协调，否则将延长货车停留时间或不能保证重车列车按规定时刻出发。

　　3）列车运行图与机车周转的配合。为了加速机车周转，保证机车在自外段停留时间符合规定的标准，不断改进机车运用指标，在编制列车运行图时，应考虑列车运行与机车周转有良好的配合。

　　为实现列车运行与机车周转相配合，一般采用根据规定行车量、机车运用方式和机车在自外段停留时间标准，并考虑机车乘务组连续工作时间等因素，顺序地将列车运行线和机车周转画在运行图上的方法。

　　货物列车运行方案的编制可有下列两种方法：

　　①由方向的一端开始，顺序铺画货物列车运行线；

　　②由方向中间的某一局间分界站向两端延伸铺画。

　　在个别区段，当通过能力利用率接近饱和时，运行图编制最好就由这一最繁忙的区段开始。

（3）货物列车运行图的详图。根据货物列车运行方案图，可在二分格运行图上具体铺画各区段的货物列车运行线。在详细铺画列车运行图过程中，对方案图所规定的运行线一般可做适当移动，但应尽可能不改变分界站的到开时刻。

在单线区段，如果通过能力有较大后备，则可优先铺画定期运行的快运货物列车和直达列车。在中间站交会时，应尽量使其他货物列车等会这些列车；在经过技术站时，应保证其紧密接续，以加速这些列车的运行。

对于摘挂列车，应先按区段管内货物列车铺画方案在图上铺画轮廓运行线，然后结合其他货物列车一起铺画。

在铺画详图时，应注意如下三个方面的问题：

1）保证行车安全和旅客乘降安全。

①遵守不准同时接发列车的有关规定。

②保证车站间隔时间及列车追踪间隔时间符合各站所规定的标准。

③避免某方向列车在禁止停车的车站上停车。

④遵守规定的机车乘务组工作、休息的时间标准。

⑤列车在车站会车和越行时，同时停在车站上的列车数应与该站的到发线数相适应。

2）有效地利用区间通过能力。在单线区段，如果通过能力有较大富余时（利用率在 70% 以下），为保证机车的良好运用，货物列车运行线可以从机车折返站开始成对地铺画。如图 10－32 所示，这时应尽可能使列车到达折返站与由该机车牵引相反方向列车出发的间隔时间，等于机车在折返段所在站的作业时间标准。

当在运行图上铺画的列车对数达到区间通过能力利用率的 80% 以上时，为了有效地使用区间通过能力，该区段应从限制区间开始铺画货物列车运行线，即在运行图上铺完旅客列车运行线之后，从限制区间开始铺画规定数量的货物列车运行线，然后再从限制区间分别向其他区间顺序铺画，如图 10－33 所示。

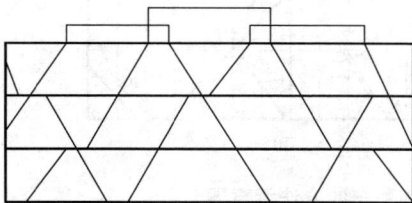

图 10－32　机车从折返站开始铺画
货物列车运行线方法示意图

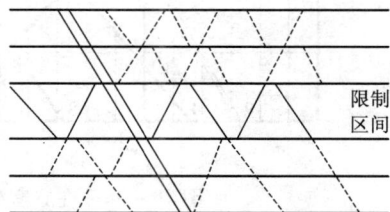

图 10－33　从限制区间开始铺画
运行线方法示意图

3）提高货物列车旅行速度。影响旅行速度的主要因素是会车和越行次数及其停站时间。因此，在铺画运行图时，必须尽量减少列车的会车和越行次数及其停站时间。

①铺画在旅客列车之前的货物列车，尽可能使之通过各中间站，以避免在区段内被旅客列车越行，如图 10－34（a）所示为不合理的铺画方法，图 10－34（b）为合理的铺画方法。

②当在区段内不能避免越行时，尽可能将越行地点规定在有技术作业的车站上，或者规定在两相邻区间运行时分最小的车站上。如图 10－34 所示，若 b 站为上行列车技术作业停

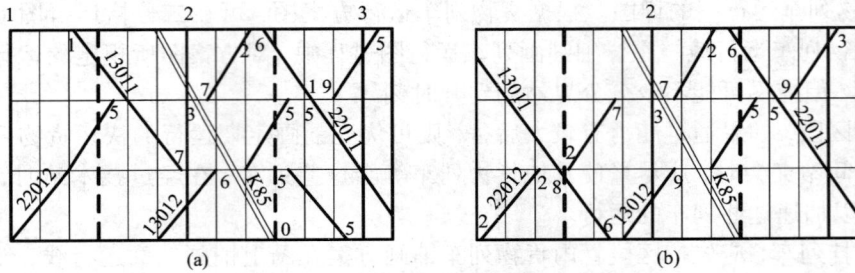

图 10－34　在旅客列车之前铺画货物列车方法示意图

车站，则列车在等待越行的同时可以进行技术作业，从而减少甚至取消了由于越行而产生的额外停留时间；又若 b 站两相邻区间的运行时分最小，则可使列车在 b 站的待避停留时间为最短。

　　③在旅客列车之后铺画货物列车时，尽量使客货列车之间能够铺画交会的对向货物列车，以减少会车停站时间。如图 10－35（a）所示为不合理的铺画方法，图 10－35（b）为合理的铺画方法。

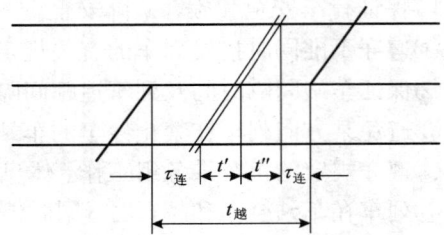

图 10－35　列车待避停留时间示意图

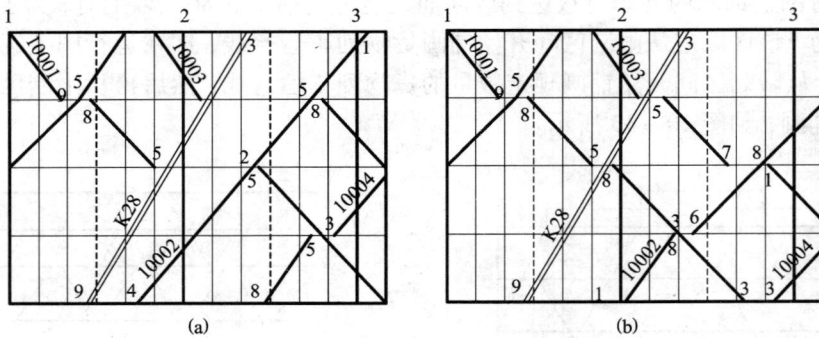

图 10－36　在旅客列车之后铺画货物列车的方法示意图

　　④在单双线区段，可从最困难的单线区间开始铺画列车运行线，并尽可能使列车的交会在双线区间内进行。

　　在运量很大的区段上，为确保列车运行图与车站作业相协调，在铺画运行图之后，应对区段站、编组站、主要客运站和货运站的咽喉道岔和到发线的占用情况进行图解检查。当某些车站的接发车条件不能满足运行图的要求时，需要适当修改运行图，或采取必要的技术组织措施，例如，重新调整到发线的使用，以保证运行图的顺利实行。

　　4. 列车运行图主要指标

　　（1）列车运行图编制质量的检查。列车运行图全部编完后，必须对列车运行图编制质量进行全面检查。检查的主要内容有：

　　1）列车运行图上铺画的客货列车数，是否符合所规定的任务；

　　2）列车运行线的铺画是否符合规定的各项时间标准，列车的会让是否合理，在中间站停车会让的列车数是否超过各站现有的到发线数；

　　3）摘挂列车的铺画是否满足区段管内货物列车铺画方案的要求；

　　4）机车乘务组连续工作时间和机车在自外段所在站的停留时间是否符合规定的时间标准；

　　5）在列车运行图上预留的施工"空隙"是否满足施工需要；

　　6）局间分界站的列车衔接是否合适，一昼夜内各阶段的列车到发密度是否大体均衡。

　　（2）列车运行图指标。列车运行图指标包括数量指标和质量指标。

　　1）数量指标。

　　①旅客列车的对数和走行公里、客运机车使用台数及旅客列车输送能力。

　　②货物列车的对数和走行公里、货运机车使用台数及货物列车输送能力。

　　2）质量指标。

　　①旅客列车或货物列车的平均技术速度（$v_技$），计算公式为：

$$v_技 = \frac{\sum nl}{\sum nt_运} \ (\text{km/h}) \tag{10-11}$$

式中：$\sum nl$ 为各区段旅客列车或货物列车走行公里的总和；$\sum nt_运$ 为各区段旅客列车或货物列车运行时间总和，包括运行时分和起停车附加时分。

　　②旅客列车平均直通速度（$v_直^客$），计算公式为：

$$v_直^客 = \frac{\sum nl_客}{\sum nt_{全旅}} \ (\text{km}) \tag{10-12}$$

式中：$\sum nl_客$ 为旅客列车走行公里的总和；$\sum nt_{全旅}$ 为旅客列车全程旅行时间的总和，包括运行时分、起停车附加时分和停站时间。

　　③货物列车平均旅行速度（$v_旅$）和速度系数（β），计算公式各为：

$$v_旅 = \frac{\sum nl_货}{\sum nt_旅} \ (\text{km/h}) \tag{10-13}$$

$$\beta = \frac{v_旅}{v_技}$$

式中：$\sum nl_货$ 为各区段货物列车走行公里的总和；$\sum nt_旅$ 为各区段货物列车旅行时间的总和，包括运行时分、起停车附加时分和中间站的停站时间。

　　④直通货物列车在技术站的平均接续时间（$T_接续$）。它是反映技术站相邻区段直通列车运行线相互衔接的质量指标。应分别就每一技术站、铁路局和全路进行计算，其计算公式为：

$$T_接续 = \frac{\sum n_直 t}{\sum n_直} \ (\text{min}) \tag{10-14}$$

式中：$\sum n_直 t$ 为无改编作业通过技术站直通、直达货物列车在站停留时间的总和；$\sum n_直$ 为无改编作业通过技术站的直通、直达货物列车数。

　　⑤货物列车平均直达速度（$v_直^货$）。它是综合表示货物列车旅行速度高低和技术站接续时间长短的指标，其计算公式为：

$$v_{直}^{货} = \frac{\sum nl'_{货}}{\sum nt'_{旅} + \sum nt_{技停}} \text{（km/h）} \qquad (10-15)$$

式中：$\sum nl'_{货}$ 为整个方向货物列车走行公里的总和；$\sum nt'_{旅}$ 为整个方向各区段货物列车旅行时间的总和，包括列车运行时间和在中间站的停站时间；$\sum nt_{技停}$ 为所有直通、直达货物列车在该方向各技术站停留时间的总和。

6）机车周转时间（$\theta_{机}$）和机车日车公里（$S_{机}$）。这是两项反映机车运用的主要质量指标，可分别按如下公式计算：

$$\theta_{机} = \frac{24M}{U_{供应}} \text{（h）} \qquad (10-16)$$

$$S_{机} = \frac{\sum nl_{货} + \sum MS_{单} + \sum MS_{双}}{M} \text{（km/d）} \qquad (10-17)$$

式中：M 为一昼夜内使用机车台数（根据机车周转图确定）；$U_{供应}$ 为一昼夜内向各区段供应的机车台次；$\sum MS_{单}$、$\sum MS_{双}$ 为列车运行图规定的单机走行公里和双机牵引公里。

10.2　单线区段列车运行图编制

10.2.1　设计要求

（1）计算区间通过能力。
（2）制定区段管内货物列车工作组织。
（3）制定列车运行图及机车周转图。
（4）制定设计说明书。

10.2.2　设计资料

参见附录3单线区段列车运行图编制的基本资料及设计要求。

10.2.3　设计说明书内容

第一章　绪　论
1　概述列车运行图的重要意义及本设计区段的技术经济特点
第二章　计算区段通过能力
1　区段现有通过能力的计算
2　区段需要通过能力的计算
第三章　确定管内货物列车工作组织
1　确定区段管内的各种货物列车的行车量
2　确定管内货物列车的铺画方案
第四章　编制列车及机车周转图
1　铺画列车运行图及机车周转图
2　计算列车运行图的指标
3　列车运行图及机车周转图的评价

第 三 篇

运输经济与交通规划设计类

第 **11** 章

交通调查实践

11.1　交通调查基本概念及原理

11.1.1　概念

交通调查是指利用客观的手段，对道路交通流及有关的交通现象进行调查，并对调查资料进行分析与判断，从而了解掌握交通状态及有关的交通现象规律的工作过程。

在进行交通规划时，对规划对象区域的交通需求特性、交通系统及其相关设施以及道路交通流特性进行调查，为交通规划提供可靠的依据，是制定科学合理的交通规划的基本前提和极其重要的环节。进行合理而有效的交通调查，是交通规划中的重要课题之一，也是规划成败的关键。

11.1.2　交通调查的目的和作用

交通规划中的交通调查，主要目的是为交通规划提供全面、系统而又真实可靠的实际参考资料和基础数据，依据这些数据准确分析规划区域交通现状，对交通规划涉及的经济、运输、交通量等做出准确可靠的预测，并且制定出合乎社会发展规律并且与交通需求相适应的交通规划方案，达到规划工作、指导交通建设与发展的目的。

11.1.3　交通调查遵循的原则

（1）遵循实事求是的原则，在调查工作中防止主观臆断。

（2）遵循全面、系统性原则，调查能够反映交通规划援救对象全面和普遍规律所需要的资料。

（3）遵循重点和一般相结合的原则。

11.1.4　交通调查的内容

交通调查的内容因采用的规划方法和规划侧重点不同而异。总的来说，在进行交通规划时，主要对规划区交通运输调查，社会经济及土地利用基础资料调查、相关的政策法规调查、建设资金调查、交通规划影响调查等五个方面做出真实、全面、系统、客观地调查。

1. 运输量调查

规划区域内综合运输方式的 OD 运输量，尤其是规划区域道路网基年的 OD 交通量，是进行交通量需求预测的基础。

规划区域内的铁路、公路、水运、航空和管道五种运输方式历年完成的客、货运量和周转量，汽车保有量。

规划区域有关道路网历年的交通量、车速、车流密度、交通量的构成资料。

规划区域内五种运输方式的技术经济指标，如平均吨（座）位、运输成本、平均速度、平均运距、实载率等。

2. 交通基础设施调查

规划区域铁路、公路、航空、管道和水运的运输网的里程和技术等级、运输枢纽的布置、港站吞吐能力、站点布置等资料。

3. 经济资料调查

经济水平：目前我国反映经济水平的指标主要有国民经济生产总值、社会总产值、工农业总产值、农业总产值和国民收入等。

经济结构：经济结构是指社会经济各种组成部分、国民经济各个部门和社会再生产各个方面的构成和相互关系，国民经济各部门可按五大类分为农业、工业、建筑业、运输业和商业；也可按三大产业分为第一产业、第二产业和第三产业。

经济布局：经济布局从根本上决定了交通流的发生点和汇集点的分布。调查的主要内容是规划地区重要生产部门在空间上的分布和重点区域行业的专业化程度。

4. 人口调查

总量指标：包括总人口、职工数量、社会劳动者、农业总人口和工业总人口等反映规划区域人口总量的有关指标。

相对指标：包括人口密度、人口平均增长速度、人口自然增长速度等指标。

5. 自然资源

资源是区域社会经济发展的基本条件，直接影响并制约着规划区域内社会经济发展的规模和水平，资源分为自然资源和社会经济资源两大类。规划区域内自然资源的储量和分布从根本上决定了生产布局、社会经济结构和规模，也就决定了交通基础设施的布局。自然资源调查的主要内容有矿产资源、旅游资源、动力资源等，其中与交通运输关系比较密切的是矿产资源和旅游资源。社会经济资源调查的内容包括劳动力、科学技术、工业经济、农业经济、基础设施存量等。

6. 土地利用基础资料调查

土地利用和交通系统有着密切的联系，不同性质的土地利用，可发生或吸引不同性质的交通。包括：交通分区土地使用性质调查、交通分区的就业岗位和就学数量调查、商品销售额调查。

7. 相关政策与法规调查

与交通规划相关的政策主要有：①区域经济发展规划、区域社会经济建设方针政策、国土开发利用规划；②区域人口、资源开发、环境保护等方面的政策；③综合运输发展规划，尤其是道路运输发展规划；④道路工程技术标准、规范、定额、指标和基本建设的政策法规。

8. 建设资金调查

资金投入是实施交通规划的基本保证，在制定交通规划过程中，要认真调查和了解资金供给规划和资金的来源渠道，主要调查内容有：①国家补助投资、规划区域政府自筹资金、贷款和合资或外资引进；②道路建设造价、规划区域养路费（或燃油税）收入和支出情况；③规划区域地方政府对道路建设优惠政策。

9. 交通影响调查

交通规划的影响调查主要包括以下几个方面：①对社会环境的影响，包括交通规划的实施对文化遗产、古迹、景观、动迁设施、建筑物、可达性、生活圈、都市圈以及群众性活动等的影响；②对自然环境的影响，主要包括噪声、震动、空气污染、日照障碍、地域隔断、自然生态平衡以及水环境等；③对资源环境的影响，包括土地、空间以及能源消耗等。

11.1.5　交通调查抽样

抽样调查是从调查对象的总体中随机抽取一部分进行观察，并且依据所获得的数据对总体的数量特征得出具有一定可靠性的估计判断，从而达到对总体的正确认识。

自从 1985 年挪威国家统计局局长凯尔提出"代表性调查"的观点，进而首次引入"抽样"的调查思想以来，抽样调查的理论与方法经过不断地发展，其应用日益广泛。目前，抽样调查的技术已成熟地应用到社会、经济、自然、技术、医疗等各个领域，并在所应用的领域起着非常重要的作用。

1. 交通调查抽样的必要性

（1）抽样调查可以减少调查的工作量；

（2）可以从数量上以部分推算总体，并以一定的概率保证推算结果的可靠程度和调查的精度；

（3）抽样调查可以大大减少调查费用，提高调查效率；

（4）收集、整理数据、综合样本的速度快，保证调查的时效性。

2. 交通调查抽样的方法

在进行交通调查时常用的概率抽样法有以下几种：①简单随机抽样法；②系统抽样法；③分层抽样法；④整群抽样法；⑤多阶段抽样法。

交通调查的抽样流程如图 11 - 1 所示。

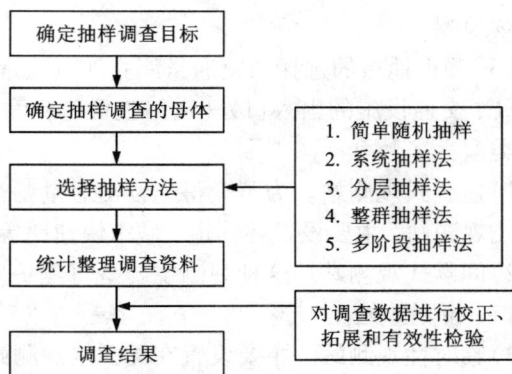

图 11 - 1　交通调查的抽样流程图

3. 交通抽样调查样本规模的确定

英国专家认为，百万人口以上的大城市的抽样率为 0.5% ~ 1% 即可找出城市交通的规律和特性。美国交通部规定在不同人口的城市进行家庭访问的推荐样本率和最小样本率如表 11 - 1 所示。

表 11 -1　推荐样本率和最小样本率

调查范围的人口	样本量	
	推荐值	最小值
5 万以下	1/5	1/10
5 万 ~ 15 万	1/8	1/20
15 万 ~ 30 万	1/10	1/35
30 万 ~ 50 万	1/15	1/50
50 万 ~ 100 万	1/20	1/70
100 万以上	1/25	1/100

11.1.6　交通流特性调查

1. 交通量调查

（1）交通量调查的基本程序：①明确调查目的与用途；②明确调查区域的线路情况；③明确调查站点位置；④明确调查车辆的种类、拟订调查时间和周期；⑤人员配备和分工；⑥调查表格的设计；⑦对所获得调查资料进行汇总、归纳、总结和分析。

（2）交通量调查时间的选择。调查日期、时间、范围随调查目的的不同而不同。作为了解交通量全面变化趋势的一般性调查，必须选在一年中具有代表性交通量的时期进行。从一周来说，最好是星期二到星期四，避开周末及其前后。以非节假日、非休息日、无大型文体活动的晴天为宜。在调查时间方面来看，常采用 24 h 连续观测、16 h 连续观测、12 h 连续观测以及高峰小时观测。在进行高峰小时交通量连续观测时，常在高峰小时区段附近做 1 ~ 3 h 的连续观测。

（3）调查地点的选择。交通量调查地点通常设置在不受交叉口影响的路段上、交叉口的引道处、交通设施的出入口处（道路收费口或停车场的出入口处）等。观测站主要有以下三种基本类型：

1）连续式观测站。为了获得连续交通量调查资料，以掌握交通流的变化规律，需要设置连续式观测站，主要设置在国道、城市快速路等较高等级的道路上。

2）间歇式观测站。这种观测主要是每隔一定时间间隔进行一次调查，设置在道路路段、交叉口、桥隧等处。

3）临时性观测站。主要设置在无固定观测站或需要补充某些数据时，临时进行观测。

（4）交通量调查的计数方法。通常的交通量调查方法有人工计数法、浮动车法、机械计数法、录像法等。采用何种方法主要取决于调查目的、可供利用的设备、费用和技术情况等。

1）人工计数法。人工计数法是在我国应用比较广泛的一种原始性调查法，组织调查人员在调查路段或交叉口引道处进行交通量观测和记录，使用的工具包括计时器、手动（机械或电子）计数器和其他记录用的记录板、纸和笔。人工计数法可以调查得到分车型交通量数据、某一车道或某方向上的交通量、交叉口流量和流向数据、非机动车和行人交通量等。

2）浮动车法。调查时，一名调查人员记录与测试车对向开来的车辆数；一人记录与测试车同向行驶的车辆中，被测试车超越的车辆数和超越测试车的车辆数；另一人报告和记录实际及停驶时间。行驶距离应已知或有里程碑、地图读取，或自有关单位获取，如不得已则应亲自实地丈量。调查过程中，测试车一般需沿调查路线往返行驶 12 ~ 16 次(6 ~ 8 个来回)。

$$q_c = \frac{X_a + Y_c}{t_a + t_c} \qquad \bar{t_c} = t_c - \frac{Y_c}{q_c}$$

式中：q_c 为路段待测定方向上的交通量(单向)，辆/min；X_a 为测试车逆测定方向行驶时，朝测试车对向行驶的来车数/辆；Y_c 为测试车在待测定方向上行驶时，超越测试车的车辆数减去被测试车超越的车辆数；t_a 为测试车与待测定车流方向反向行驶时的行驶时间；t_c 为测试车顺待测定方向行驶时的行驶时间。

3)机械计数法。常用的机械计数装置有便携式机械计数装置(如临时性的气压管式车辆检测器)和永久性机械计数装置(如电接触检测器、光电检测器、雷达检测器、感应线圈检测器、超声波检测器、红外线检测器等)。前者适用于临时、短期交通量调查；后者适用于固定或长期交通量调查。

2. 车速调查

(1)地点车速调查。

1)调查地点的选择。了解车速分布特性和变化规律时，观测地点应选择在道路平坦顺直、离交叉口有一定距离的路段上，使调查结果不受交叉口信号灯和行人过街的影响。

为了交通安全需实施限制车速时，观测地点应选在限制车速的道路或地点。

为检验交通改善设计或交通管理措施的效果时，选择交通改善地点作为车速调查的地点。

用于交通事故分析时，应该调查事故发生地点的车速。

2)调查时间的选择。与调查目的相对应的具有典型性和代表性的时段，通常选择在天气良好、交通和道路状况均正常的时间进行调查。

3)样本量的确定。样本的选择必须避免某种偏向，要随机选择被调查车辆，高速车、低速车和正常车速的车辆均要有同等概率被抽作样本；样本的各个单元，相互必须完全独立；选取数据的地区间应无根本差别，构成样本所有项目的条件必须一致。

根据我国 1998 年出版的《交通工程手册》，地点车速调查的最小样本量可以按照下面公式计算：

$$n = \left(\frac{\sigma K}{E}\right)^2$$

式中：σ 为样本总体标准的估计量，一般应由已有的速度资料给出，《交通工程手册》给出了对应不同地区和道路类型的 σ 经验值，如表 11 - 2 所示；E 为速度调查允许误差，一般可取 $E = 20$ km/h；K 为不同置信水平对应的系数，实质上是一定置信水平和自由度的 t 分布统计量，《交通工程手册》给出了对应不同置信水平下 K 的经验值，如表 11 - 3 所示。

表 11 - 2　样本标准差 σ 值

行驶区域	σ 值	
	双车道	四车道
乡村	8.5	6.8
郊区	8.5	8.5
城市	7.7	7.9
平均值	8.0	8.0

表 11-3 置信水平系数 K 值

置信水平/%	68.3	86.6	90.0	95.0	95.5	98.8	99.0	99.7
K	1.00	1.50	1.64	1.96	2.00	2.50	2.58	3.00

4）地点车速调查方法。

①人工测量法：最常见的是秒表测速法，即在欲调查的地点，量测一小段距离 L，在两端做好标记，观测员用秒表测定各种类型车辆经过前后两标记的时间，记录员在标准记录表上记录距离、车型及通过两标记的时间，如表 11-4，经过整理，得到各类车辆的地点车速。这种方法的缺点是，由于观测员视差的影响容易造成一定的误差。

表 11-4 地点车速调查表

序号	车型	t_1	t_2	$\Delta t = t_1 - t_2$	$v = L/\Delta t$	备注
1						
2						
3						
⋮						
n						

②雷达测速法：雷达测速的基本原理是应用多普勒效应。当雷达测速仪瞄准测速车辆时，发射出无线电波，遇到车辆后再从车辆反射回来，发射波和反射波的频率差与车辆行驶的速度成正比，从而得到车辆的瞬时车速。

③道路检测器测量法：道路检测器测车速的基本原理是在测速地点选取一小段距离，两端均埋设检测器，车辆通过前后两个检测器时发出信号，并传送给记录仪，记录下车辆通过的时间，从而计算出车速。

④摄影法：在测量地点，量取若干段距离，做好标记。将摄像机设置在视野良好的高处，防止行车道树以及其他设施的遮挡，将摄像机对准拟测路段，以一定的送片速度进行录像。根据汽车通过测定区间的录像胶卷画面数和画面的时间间隔，即可求出车辆的地点车速。

（2）区间车速调查。

1）跟车法：用测试车辆紧跟车队行驶，记录一定区段内的行驶时间及区段长度，如表 11-5 所示。跟车测速一般需要往返 6~8 次。跟车测速方法简单，适用于交通量大、交叉口多、交通情况复杂的道路，但其测量结构受测试车性能及驾驶员习惯的影响，不能完全代表道路上车流的车速。

2）牌照法：牌照法是根据特定牌照车辆在路段起终点出现的时间差和路段长度来计算车辆的平均行驶速度的方法，如表 11-6 所示。调查时，在调查路段起点和终点设置观测点，记录车型、牌照号码和车辆到达时间。牌照法主要适用于路段上无主要交叉口、交通情况不太复杂的情况。

表 11 - 5　跟车法测速记录表

路段编号	观测时间				减速次数以及原因					
	中途停车			最终断面时间	行人	自行车	会车	转向车	公交停靠	其他
	原因	停止时间	启动时间							
1										
2										
⋮										
n										

表 11 - 6　牌照法车速调查表

序号	车辆类型	起点时间	终点时间	行程时间	区间车速
1					
2					
⋮					
n					

3）浮动车法：与交通量调查的浮动车法完全相同，即在测速区间作往返行驶调查，根据调查结果计算行程时间，用路段长度除以行程时间即得到区间车速。具体方法参考交通量调查的浮动车法。

（3）交通密度调查。交通密度是指在单位长度车道上，某一瞬时所存在的车辆数，一般用辆/（km·车道）表示。交通密度是描述交通流特性的重要参数之一，在研究划分道路服务水平、分析交通瓶颈状况、制定交通管理与控制政策与措施等方面均有应用，同时也是研究交通流理论的重要基础数据。观测交通密度主要有出入量法和照相法，后者又可分为地面和航空观测。

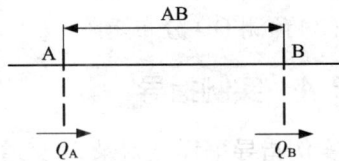

图 11 - 2　出入量法示意图

出入量法：在道路上选择 A、B 两点间路段为观测路段，车流从 A 点驶向 B 点，如图 11 - 2 所示。

11.2　现状交通调查及预测分析

11.2.1　设计目标

通过对某大道进行现状交通流量、车速、延误、通行能力及机动车 OD 调查、分析，了解某大道现状交通质量状况及存在的问题，并预测未来某年某大道路段、交叉口交通量，分析现状交通设施在未来的交通适应性。

11.2.2　设计内容

1. 现状交通调查分析

（1）交叉口机动车、非机动车流量、流向调查、分析；

（2）交叉口延误调查、分析；

（3）路段地点车速、行程车速调查、分析；

（4）路段、交叉口通行能力调查、分析；

（5）机动车 OD 调查；

（6）某大道现状交通质量状况及存在问题分析。

2. 某未来年交通预测分析

（1）端点交通需求增长预测；

（2）OD 分布预测、分析；

（3）路段、交叉口流量预测；

（4）现状交通设施在未来的交通适应性分析与改善措施。

11.2.3　应交成果

1. 现状交通调查分析报告（附图）

（1）现状交叉口机动车、非机动车流量、流向图；

（2）交叉口现状平面布置图；

（3）车速分布直方图、频率分布图；

（4）交叉口信号相位及配时图。

2. 未来某年交通预测分析报告

（1）预测未来某年交叉口机动车流量、流向图；

（2）预测 OD 分布矩阵。

11.2.4　实例指导

实例指导书详见附录 2"交通调查分析指导书"。